心一堂術數古籍珍本叢刊

書名：三元大玄空地理二宅實驗（足本修正版）
系列：心一堂術數古籍珍本叢刊 堪輿類 無常玄空珍秘系列 第二輯
作者：【民國】尤惜陰（演本法師） 榮柏雲
主編、責任編輯：陳劍聰
心一堂術數古籍珍本叢刊編校小組：陳劍聰 素聞 鄒偉才 虛白盧主

216

出版：心一堂有限公司
通訊地址：香港九龍旺角彌敦道六一○號荷李活商業中心十八樓○五─○六室
深港讀者服務中心‧中國深圳市羅湖區立新路六號羅湖商業大廈負一層○○八室
電話號碼：(852)67150840
網址：publish.sunyata.cc
電郵：sunyatabook@gmail.com
網店：http://book.sunyata.cc
淘寶店地址：https://shop210782774.taobao.com
微店地址：https://weidian.com/s/1212826297
臉書：https://www.facebook.com/sunyatabook
讀者論壇：http://bbs.sunyata.cc/

版次：二零一八年十一月初版
平裝

定價：港幣 二百三十八元正
新台幣 九百元正

國際書號：ISBN 978-988-8582-00-6

版權所有 翻印必究

香港發行：香港聯合書刊物流有限公司
地址：香港新界大埔汀麗路36 號中華商務印刷大廈3 樓
電話號碼：(852)2150-2100
傳真號碼：(852)2407-3062
電郵：info@suplogistics.com.hk

台灣發行：秀威資訊科技股份有限公司
地址：台灣台北市內湖區瑞光路七十六巷六十五號一樓
電話號碼：+886-2-2796-3638
傳真號碼：+886-2-2796-1377
網絡書店：www.bodbooks.com.tw
台灣國家書店讀者服務中心：
地址：台灣台北市中山區松江路二○九號一樓
電話號碼：+886-2-2518-0207
傳真號碼：+886-2-2518-0778
網絡書店：http://www.govbooks.com.tw

中國大陸發行 零售：深圳心一堂文化傳播有限公司
深圳地址：深圳市羅湖區立新路六號羅湖商業大廈負一層○○八室
電話號碼：(86)0755-82224934

心一堂微店二維碼

心一堂淘寶店二維碼

心一堂術數古籍 珍本 整理 叢刊 總序

術數定義

術數，大概可謂以「推算（推演）、預測人（個人、群體、國家等）、事、物、自然現象、時間、空間方位等規律及氣數，並或通過種種『方術』，從而達致趨吉避凶或某種特定目的」之知識體系和方法。

術數類別

我國術數的內容類別，歷代不盡相同，例如《漢書・藝文志》中載，漢代術數有六類：天文、曆譜、五行、蓍龜、雜占、形法。至清代《四庫全書》，術數類則有：數學、占候、相宅相墓、占卜、命書、相書、陰陽五行、雜技術等，其他如《後漢書・方術部》、《藝文類聚・方術部》、《太平御覽・方術部》等，對於術數的分類，皆有差異。古代多把天文、曆譜、及部分數學均歸入術數類，而民間流行亦視傳統醫學作為術數的一環；此外，有些術數與宗教中的方術亦往往難以分開。現代民間則常將各種術數歸納為五大類別：命、卜、相、醫、山，通稱「五術」。

本叢刊在《四庫全書》的分類基礎上，將術數分為九大類別：占筮、星命、相術、堪輿、選擇、三式、讖諱、理數（陰陽五行）、雜術（其他）。而未收天文、曆譜、算術、宗教方術、醫學。

術數思想與發展——從術到學，乃至合道

我國術數是由上古的占星、卜筮、形法等術發展下來的。其中卜筮之術，是歷經夏商周三代而通過「龜卜、蓍筮」得出卜（筮）辭的一種預測（吉凶成敗）術，之後歸納並結集成書，此即現傳之《易

經》。經過春秋戰國至秦漢之際，受到當時諸子百家的影響、儒家的推祟，遂有《易傳》等的出現，原本是卜筮術書的《易經》，被提升及解讀成有包涵「天地之道（理）」之學。因此，《易・繫辭傳》曰：「易與天地準，故能彌綸天地之道。」

漢代以後，易學中的陰陽學說，與五行、九宮、干支、氣運、災變、律曆、卦氣、讖緯、天人感應說等相結合，形成易學中象數系統。而其他原與《易經》本來沒有關係的術數，如占星、形法、選擇，亦漸漸以易理（象數學說）為依歸。《四庫全書・易類小序》云：「術數之興，多在秦漢以後。要其旨，不出乎陰陽五行，生尅制化。實皆《易》之支派，傳以雜說耳。」至此，術數可謂已由「術」發展成「學」。

及至宋代，術數理論與理學中的河圖洛書、太極圖、邵雍先天之學及皇極經世等學說給合，通過術數以演繹理學中「天地中有一太極，萬物中各有一太極」（《朱子語類》）的思想。術數理論不單已發展至十分成熟，而且也從其學理中衍生一些新的方法或理論，如《梅花易數》、《河洛理數》等。

在傳統上，術數功能往往不止於僅僅作為趨吉避凶的方術，及「能彌綸天地之道」的學問，亦有其「修心養性」的功能，「與道合一」（修道）的內涵。《素問・上古天真論》：「上古之人，其知道者，法於陰陽，和於術數。」數之意義，不單是外在的算數、歷數、氣數，而是與理學中同等的「道」、「理」--心性的功能，北宋理氣家邵雍對此多有發揮：「聖人之心，是亦數也」、「萬化萬事生乎心」、「心為太極」。《觀物外篇》：「先天之學，心法也。……蓋天地萬物之理，盡在其中矣，心一而不分，則能應萬物。」反過來說，宋代的術數理論，受到當時理學、佛道及宋易影響，認為心性本質上是等同天地之太極。天地萬物氣數規律，能通過內觀自心而有所感知，即是內心也已具備有術數的推演及預測、感知能力；相傳是邵雍所創之《梅花易數》，便是在這樣的背景下誕生。

《易・文言傳》已有「積善之家，必有餘慶；積不善之家，必有餘殃」之說，至漢代流行的災變說及讖緯說，我國數千年來都認為天災，異常天象（自然現象），皆與一國或一地的施政者失德有關；下

至家族、個人之盛衰，也都與一族一人之德行修養有關。因此，我國術數中除了吉凶盛衰理數之外，人心的德行修養，也是趨吉避凶的一個關鍵因素。

術數與宗教、修道

在這種思想之下，我國術數不單只是附屬於巫術或宗教行為的方術，又往往是一種宗教的修煉手段──通過術數，以知陰陽，乃至合陰陽（道）。「其知道者，法於陰陽，和於術數。」例如，「奇門遁甲」術中，即分為「術奇門」與「法奇門」兩大類。「法奇門」中有大量道教中符籙、手印、存想、內煉的內容，是道教內丹外法的一種重要外法修煉體系。甚至在雷法一系的修煉上，亦大量應用了術數內容。此外，相術、堪輿術中也有修煉望氣（氣的形狀、顏色）的方法；堪輿家除了選擇陰陽宅之吉凶外，也有道教中選擇適合修道環境（法、財、侶、地中的地）的方法，以至通過堪輿術觀察天地山川陰陽之氣，亦成為領悟陰陽金丹大道的一途。

易學體系以外的術數與的少數民族的術數

我國術數中，也有不用或不全用易理作為其理論依據的，如揚雄的《太玄》、司馬光的《潛虛》。

也有一些占卜法、雜術不屬於《易經》系統，不過對後世影響較少而已。

外來宗教及少數民族中也有不少雖受漢文化影響（如陰陽、五行、二十八宿等學說。）但仍自成系統的術數，如古代的西夏、突厥、吐魯番等占卜及星占術，藏族中有多種藏傳佛教占卜術、苯教占卜術、擇吉術、推命術、相術等；北方少數民族有薩滿教占卜術；不少少數民族如水族、白族、布朗族、佤族、彝族、苗族等，皆有占雞（卦）草卜、雞蛋卜等術，納西族的占星術、占卜術，彝族畢摩的推命術、占卜術……等等，都是屬於《易經》體系以外的術數。相對上，外國傳入的術數以及其理論，對我國術數影響更大。

曆法、推步術與外來術數的影響

我國的術數與曆法的關係非常緊密。早期的術數中，很多是利用星宿或星宿組合的位置（如某星在某州或某宮某度）付予某種吉凶意義，并據之以推演，例如歲星（木星）、月將（某月太陽所躔之宮次）等。不過，由於不同的古代曆法推步的誤差及歲差的問題，若干年後，其術數所用之星辰的位置，已與真實星辰的位置不一樣；此如歲星（木星），早期的曆法及術數以十二年為一周期（以應地支），與木星真實周期十一點八六年，每幾十年便錯一宮。後來術家又設一「太歲」的假想星體來解決，是歲星運行的相反，週期亦剛好是十二年。而術數中的神煞，很多即是根據太歲的位置而定。又如六壬術中的「月將」，原是立春節氣後太陽躔娵訾之次而稱作「登明亥將」，至宋代，因歲差的關係，要到雨水節氣後太陽才躔娵訾之次，當時沈括提出了修正，但明清時六壬術中「月將」仍然沿用宋代沈括修正的起法沒有再修正。

由於以真實星象周期的推步術是非常繁複，而且古代星象推步術本身亦有不少誤差，大多數術數除依曆書保留了太陽（節氣）、太陰（月相）的簡單宮次計算外，漸漸形成根據干支、日月等的各自起例，以起出其他具有不同含義的眾多假想星象及神煞系統。唐宋以後，我國絕大部分術數都主要沿用這一系統，也出現了不少完全脫離真實星象的術數，如《子平術》、《紫微斗數》、《鐵版神數》等。後來就連一些利用真實星辰位置的術數，如《七政四餘術》及選擇法中的《天星選擇》，也已與假想星象及神煞混合而使用了。

隨着古代外國曆（推步）、術數的傳入，如唐代傳入的印度曆法及術數，元代傳入的回回曆等，其中我國占星術便吸收了印度占星術中羅睺星、計都星等而形成四餘星，又通過阿拉伯占星術而吸收了其中來自希臘、巴比倫占星術的黃道十二宮、四大（四元素）學說（地、水、火、風），並與我國傳統的二十八宿、五行說、神煞系統並存而形成《七政四餘術》。此外，一些術數中的北斗星名，不用我國傳統的星名：天樞、天璇、天璣、天權、玉衡、開陽、搖光，而是使用來自印度梵文所譯的：貪狼、巨

門、祿存、文曲、廉貞、武曲、破軍等，此明顯是受到唐代從印度傳入的曆法及占星術所影響。如星命

術中的《紫微斗數》及堪輿術中的《撼龍經》等文獻中，其星皆用印度譯名。及至清初《時憲曆》，置

閏之法則改用西法「定氣」。清代以後的術數，又作過不少的調整。

此外，我國相術中的面相術、手相術，唐宋之際受印度相術影響頗大，至民國初年，又通過翻譯歐

西、日本的相術書籍而大量吸收歐西相術的內容，形成了現代我國坊間流行的新式相術。

陰陽學——術數在古代、官方管理及外國的影響

術數在古代社會中一直扮演着一個非常重要的角色，影響層面不單只是某一階層、某一職業、某

一年齡的人，而是上自帝王，下至普通百姓，從出生到死亡，不論是生活上的小事如洗髮、出行等，大

事如建房、入伙、出兵等，從個人、家族以至國家，從天文、氣象、地理到人事、軍事，從民俗、學術

到宗教，都離不開術數的應用。我國最晚在唐代開始，已把以上術數之學，稱作陰陽（學），行術數者

稱陰陽人。（敦煌文書、斯四三二七唐《師師漫語話》：「以下說陰陽人謾語話」，此說法後來傳入日

本，今日本人稱行術數者為「陰陽師」）。一直到了清末，欽天監中負責陰陽術數的官員中，以及民間

術數之士，仍名陰陽生。

古代政府的中欽天監（司天監），除了負責天文、曆法、輿地之外，亦精通其他如星占、選擇、堪

輿等術數，除在皇室人員及朝庭中應用外，也定期頒行日書、修定術數，使民間對於天文、日曆用事吉

凶及使用其他術數時，有所依從。

我國古代政府對官方及民間陰陽學及陰陽官員，從其內容、人員的選拔、培訓、認證、考核、律法

監管等，都有制度。至明清兩代，其制度更為完善、嚴格。

宋代官學之中，課程中已有陰陽學及其考試的內容。（宋徽宗崇寧三年〔一一零四年〕崇寧算學

令：「諸學生習……並曆算、三式、天文書。」「諸試……三式即射覆及預占三日陰陽風雨。天文即預

定一月或一季分野災祥，並以依經備草合問為通。」

金代司天臺，從民間「草澤人」（即民間習術數人士）考試選拔：「其試之制，以《宣明曆》試

推步，及《婚書》、《地理新書》試合婚、安葬，並《易》筮法、六壬課、三命、五星之術。」（《金

史》卷五十一·志第三十二·選舉一）

元代為進一步加強官方陰陽學對民間的影響、管理、控制及培育，除沿襲宋代、金代在司天監掌管

陰陽學及中央的官學陰陽學課程之外，更在地方上增設陰陽學教授員，培育及管轄地方陰陽人。（《元史·選舉志一》：「世祖至元

二十八年夏六月始置諸路陰陽學。」）地方上也設陰陽學教授員，培育及管轄地方陰陽人。（《元史·

選舉志一》：「（元仁宗）延祐初，令陰陽人依儒醫例，於路、府、州設教授員，凡陰陽人皆管轄之，

而上屬於太史焉。」）自此，民間的陰陽術士（陰陽人），被納入官方的管轄之下。

至明清兩代，陰陽學制度更為完善。中央欽天監掌管陰陽學，明代地方縣設陰陽學正術，各州設陰

陽學典術，各縣設陰陽學訓術。陰陽人從地方陰陽學肄業或被選拔出來後，再送到欽天監考試。（《大

明會典》卷二二三：「凡天下府州縣舉到陰陽人堪任正術等官者，俱從吏部送（欽天監），考中，送回

選用；不中者發回原籍為民，原保官吏治罪。」）清代大致沿用明制，凡陰陽術數之流，悉歸中央欽天

監及地方陰陽官員管理、培訓、認證。至今尚有「紹興府陰陽印」、「東光縣陰陽學記」等明代銅印，

及某某縣某某之清代陰陽執照等傳世。

清代欽天監漏刻科對官員要求甚為嚴格。《大清會典》「國子監」規定：「凡算學之教，設肄業

生。滿洲十有二人，蒙古、漢軍各六人，於各旗官學內考取。漢十有二人，於舉人、貢監生童內考取。

附學生二十四人，由欽天監選送。教以天文演算法諸書，五年學業有成，舉人引見以欽天監博士用，貢

監生童以天文生補用。」學生在官學肄業、貢監生肄業或考得舉人後，經過了五年對天文、算法、陰陽

學的學習，其中精通陰陽術數者，會送往漏刻科。而在欽天監供職的官員，《大清會典則例》「欽天

監」規定：「本監官生三年考核一次，術業精通者，保題升用。不及者，停其升轉，再加學習。如能黽

勉供職，即予開復。仍不及者，降職一等，再令學習三年，能習熟者，准予開復，仍不能者，黜退。」

除定期考核以定其升用降職外，《大清律例》中對陰陽術士不準確的推斷（妄言禍福）是要治罪的。《大清律例・一七八・術七・妄言禍福》：「凡陰陽術士，不許於大小文武官員之家妄言禍福，違者杖一百。其依經推算星命卜課，不在禁限。」大小文武官員延請的陰陽術士，自然是以欽天監漏刻科官員或地方陰陽官員為主。

官方陰陽學制度也影響鄰國如朝鮮、日本、越南等地，一直到了民國時期，鄰國仍然沿用着我國的多種術數。而我國的漢族術數，在古代甚至影響遍及西夏、突厥、吐蕃、阿拉伯、印度、東南亞諸國。

術數研究

術數在我國古代社會雖然影響深遠，「是傳統中國理念中的一門科學，從傳統的陰陽、五行、九宮、八卦、河圖、洛書等觀念作大自然的研究。……傳統中國的天文學、數學、煉丹術等，要到上世紀中葉始受世界學者肯定。可是，術數還未受到應得的注意。術數在傳統中國科技史、思想史，文化史、社會史，甚至軍事史都有一定的影響。……更進一步了解術數，我們將更能了解中國歷史的全貌。」（何丙郁《術數、天文與醫學中國科技史的新視野》，香港城市大學中國文化中心。）

可是術數至今一直不受正統學界所重視，加上術家藏秘自珍，又揚言天機不可洩漏，「（術數）乃吾國科學與哲學融貫而成一種學說，數千年來傳衍嬗變，或隱或現，全賴一二有心人為之繼續維繫，賴以不絕，其中確有學術上研究之價值，非徒癡人說夢，荒誕不經之謂也。其所以至今不能在科學中成立一種地位者，實有數因。蓋古代士大夫階級目醫卜星相為九流之學，多恥道之；而發明諸大師又故為恍迷離之辭，以待後人探索；間有一二賢者有所發明，亦秘莫如深，既恐洩天地之秘，復恐譏為旁門左道，始終不肯公開研究，成立一有系統說明之書籍，貽之後世。故居今日而欲研究此種學術，實一極困難之事。」（民國徐樂吾《子平真詮評註》，方重審序）

現存的術數古籍，除極少數是唐、宋、元的版本外，絕大多數是明、清兩代的版本。其內容也主要是明、清兩代流行的術數，唐宋或以前的術數及其書籍，大部分均已失傳，只能從史料記載、出土文獻、敦煌遺書中稍窺一鱗半爪。

術數版本

坊間術數古籍版本，大多是晚清書坊之翻刻本及民國書賈之重排本，其中豕亥魚魯，或任意增刪，往往文意全非，以至不能卒讀。現今不論是術數愛好者，還是民俗、史學、社會、文化、版本等學術研究者，要想得一常見術數書籍的善本、原版，已經非常困難，更遑論如稿本、鈔本、孤本等珍稀版本。

在文獻不足及缺乏善本的情況下，要想對術數的源流、理法、及其影響，作全面深入的研究，幾不可能。

有見及此，本叢刊編校小組經多年努力及多方協助，在海內外搜羅了二十世紀六十年代以前漢文為主的術數類善本、珍本、鈔本、孤本、稿本、批校本等數百種，精選出其中最佳版本，分別輯入兩個系列：

一、心一堂術數古籍珍本叢刊
二、心一堂術數古籍整理叢刊

前者以最新數碼（數位）技術清理、修復珍本原本的版面，更正明顯的錯訛，部分善本更以原色彩色精印，務求更勝原本。并以每百多種珍本、一百二十冊為一輯，分輯出版，以饗讀者。

後者延請、稿約有關專家、學者，以善本、珍本等作底本，參以其他版本，古籍進行審定、校勘、注釋，務求打造一最善版本，方便現代人閱讀、理解、研究等之用。

限於編校小組的水平，版本選擇及考證、文字修正、提要內容等方面，恐有疏漏及舛誤之處，懇請方家不吝指正。

心一堂術數古籍　整理　叢刊編校小組

二零零九年七月序
二零一四年九月第三次修訂

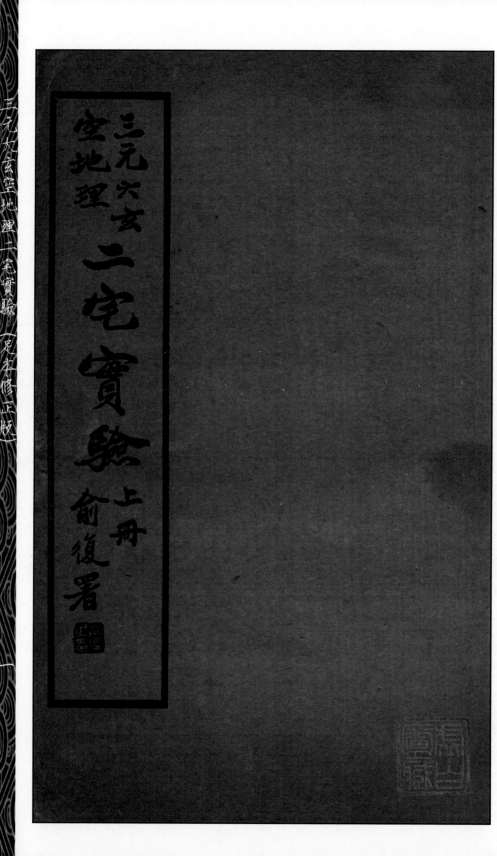

三元六玄
空地理
二宅實驗 上冊
俞復署

介紹 精本 袁了凡先生四訓

欲葬佳地　福兒孫者　照此書行去

佳地不求而自得　兒孫不賢而自賢

以前種種譬如昨日死以後種種譬如今日生欲求自己地位之向上提高權不屬人亦不屬天全在各人自有之決心及到底不懈之眞實力量上求之袁了凡先生四訓乃改造命運之玉律金科百試百驗此書聲價溥海都知惟苦初學乏人開解不易食古便化今此精本印刷之艮無以復加簡註之美亦所難得凡父兄師長之欲得佳子弟者固當家家置備凡失學青年之欲改造現境者快須人人開讀如法行之三年五年後各各平地登雲矣。

佛學推行社敬布

一本大洋一角六分函購另加寄費一分
上海棋盤街中華書局出售

序

尤惜陰

人生要素衣食住三有紡織業而衣料可無虞有農作業而食料可無虞惟棲身之事向少澈底講求蓋世俗所講求者大都在體制上場面上做工夫求其究竟心安理得在成敗得失之命脈上尋出一定路線可以自由取捨則千不得一二焉不通斯學之新舊人物無論已即本有職業旁涉此學以及寄食於此托迹江湖者流十之八九皆茫乎無所得所得者多半屬偽學按之實際百不一效一般堪輿家自家之得失尚不能決又何能定人之得失世俗不察貿貿然以二宅取決權輕付於茫無把握者之手中其失敗將奚以逃道義交榮君柏雲憂之以自便故而悉心研究大玄空同時並為一切親友行方便廣作研究實驗所得積久成帙爲普利羣衆計付印流布臨付刊前囑留一言謹撮述斯意以告世之有志研究者

再者我國有人口五萬萬。設使每年每百人中死五人。每人死後平
均占葬地三弓。中國畝制每畝面積二百四十弓。照上述數目推算。
每年須被一部分死人占去地面七千五百萬弓。以每九百畝合一
方里。每畝平均年產糧食兩石半。每石市值扯十二元計之。則每年
占去葬地三十四萬七千畝。每年減少糧食七十八萬一千二百五
十石。卽每年損失國家經濟九百三十七萬五千元。年如是產糧
數每熟減少。新人口逐年加增。卽使封口閉糶。亦萬萬不能自支。令
者人民因得食艱難。挺而走險。釀成亂局。彼爭此奪。互相仇殺禍患
未已。作者憂之。提倡火葬。此等遠計。非其大菩薩心者。不克建議深
願海內外表同情者。一致勸勉造成有力輿論。由地方議會提議通
過。未風行前。凡先知先覺者。首先實行。以倡之則造福靡涯矣。著者
主眼歸重此點。爰特爲閱者諸彥鄭重提出之。

自序

大玄空挨星法。始於晉郭璞之青囊經。哲理深奧。不易了解。至唐而有楊筠松洞悉陰陽原理。闡發青囊祕訣一時著書立說其學大昌。自宋以降。其法漸漸失傳。於是異法蠭起。謬僞流傳莫宗一法。至清初有雲間蔣大鴻氏得無極真傳著地理辨正一書辨是非。定真僞以爲後世法。經數傳而有吾邑章仲山先生出著辨正直解及心眼指要等書。然皆半吞半吐蘊而不顯真傳既鮮僞法日盛各持一說。自衒其長以爲糊口之藉遂使當世人士譏堪輿爲迷信之學相與鄙棄不屑道而以一般青年學子爲尤甚不知地理爲我國固有之學術以其哲理深奧不易研究遂目之爲妄說。是猶因噎廢食良可嘆也近有武進談養吾先生著大玄空路透一書。^民將玄空祕訣澈底顯露實大有功於世也惜多數讀者僅知其理。不知其用。

每引以為憾。余於辛酉冬。

受尤師心傳初得法時。亦與世人同

病。但習之既久深信其說。迨再四實驗方知所學之法廻異尋常。嘆

為補助社會唯一之奇術。三數年來。鑒於國內實業凋敝民生艱困。

遂擬發心彙集各地實事編訂成册。以供世之研究而利實用俾助

社會之發展補人生之缺憾。嘗以斯意商之尤師深蒙贊許其公開

是術之談氏諒亦表同情也。顧近數年來為飢寒驅使不克如願去

春始得遍觀各地陰陽之宅歷時六月共得百五十餘篇。分為六卷

復在尤師實驗集中摘錄三十餘則冠之卷首分訂二册。對於二宅

之看法大率已全復恐初學者不易著手研究。又將簡易要法附錄

卷末俾初學者有所取徑。深造者得免流弊。惟辭句鄙陋尚望博學

君子有以教之幸甚

民國十六年暮春梁溪懺悔學人叙於申江客次

例言

一是書刊行宗旨為助長社會上一切善業根本矯正風化使人人趨吉避凶消除一切無妄之災更望仁者羣起研究俾此學日益昌明廣為人間造福。

一研究本書不謂人定可以勝天富貴盡人可求須知富貴是從積德而來應隨時隨地深植善因則富貴不求而至若用此術以求富貴而不植善根則人定未可以勝天也。

蓋用以助長善業而為公眾謀幸福則可如用以圖一己之驕奢淫佚則不啻揠苗助長自速其亡耳此身一失永劫沉淪享受無幾時而苦報無盡期使著者救世之婆心反成害世之利器願讀者慎之慎之

一是書篇篇事實完全親自實地研究得來非同空中樓閣向壁虛造可言。

一凡為民眾謀生計而經營農工商事業致遭失敗者急宜研究是書因其失敗之原因皆在辦事之房屋及自己之住宅與先人之坟墓倘以是術補救之自可達成功之目的。

一卷首宅運新案及卷一之陽宅其中有發生疾厄之原因大可研究世有患疾病而醫

藥罔效者其因皆在住宅上著者曾數見病人病魔纏繞醫藥罔效囑其避居他室一面延醫服藥卽覺藥力有效沉疴霍然可見此書不獨救貧且可治病_{求子}^{并可}若醫生而能研究是書其治病之神効當有驚人之成績

一素未研究大玄空者宜先讀下冊附錄附錄既明則全書不難迎刃而解

一曾研究大玄空而未入門者讀是書可以升堂入室讀過談氏路透而不能實用者讀是書可以體驗

一是書只求事理明瞭俾人人得而研究書中文句不求雕琢未免淺陋顧讀者諒之

宅運新案

余師奔走教育事業國家事業社會事業辛勞艱苦數十年如一日以其餘暇更研究新舊術數無不精入逾人而地理一門更有許多經驗著作皆為世所罕見之珍品茲篇所載在其彰往察來宅運新案兩書內採集三十餘則以供世之研究又因所集者十之六七是宅運新案故仍以宅運新案名之

梁溪無相行人著門人懺悔學人集

懺悔學人謹識

無錫洛社下塘賈巷賈錦榮宅

賈君娶婦十年餘連生四女未育一男丁翁姑望抱孫急辛丑（上元光緒二十七年）十月。予過父輩賈朗清先生家因先生之介紹踏月到是宅觀之一到該宅見幼童三四甚覺熱鬧且多男童打扮看門向後即看老房次看新房卽告主人曰新房背時男丁難招若急欲求丁請馬上將老房新房暫時對調甲乙兩門從當晚起暫時鎖閉不用准許壬寅正月受孕十月添丁也至壬寅十月予初到上海任教育事而賈君就職滬北適於是時備酒慶得子焉。

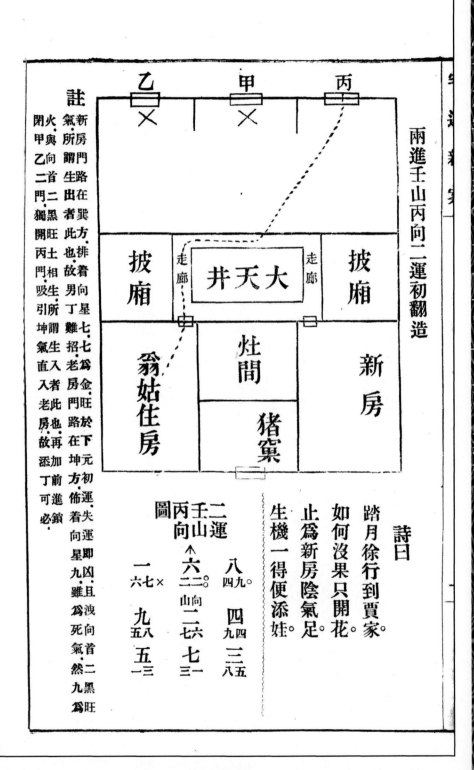

兩進壬山丙向二運初翻造

乙　甲　丙

披廂　走廊　大天井　走廊　披廂

翁姑住房　灶間　新房

猪窠

詩曰
踏月徐行到賈家。
如何沒果只開花。
止為新房陰氣足。
生機一得便添娃。

二運
壬山
丙向
圖

↑
六二。
山向
二六 七
三一

八　四　四
四九　九　三
。　三　五八

一六七×
九五八五
一三

註

新房門路在巽方。排着向星七。七為金旺於下元。初運失氣。所謂生出者此也。故男丁難招。老房門路在坤方。佈着向星九。雖為死氣。然九為火。與乙向二首門。獨旺。丙門吸生。引所謂坤氣直入老房。故添丁前進必鎖閉。甲乙向首二門。獨旺。丙土相生。吸引坤氣生入者此也。故添丁可必。

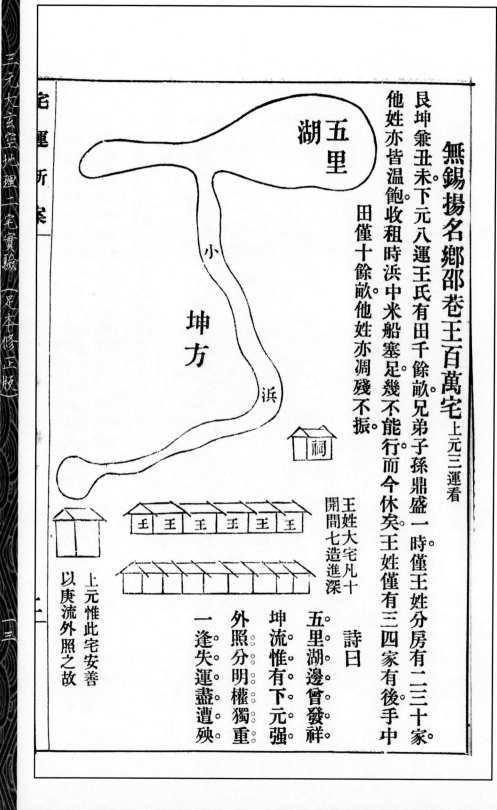

無錫揚名鄉邵巷王百萬宅 上元三運看

艮坤兼丑未下元八運王氏有田千餘畝兄弟子孫鼎盛一時僅王姓分房有二三十家。他姓亦皆溫飽收租時浜中米船塞足幾不能行而今休矣王姓僅有三四家有後手中田僅十餘畝他姓亦凋殘不振。

五里湖

小浜

坤方

祠

王
王
王
王
王
王

王姓大宅凡十開間七造進深

詩曰
五里湖邊曾發祥
坤流惟有下元強
外照分明權獨重
一逢失運盡遭殃

上元惟此宅安善以庚流外照之故

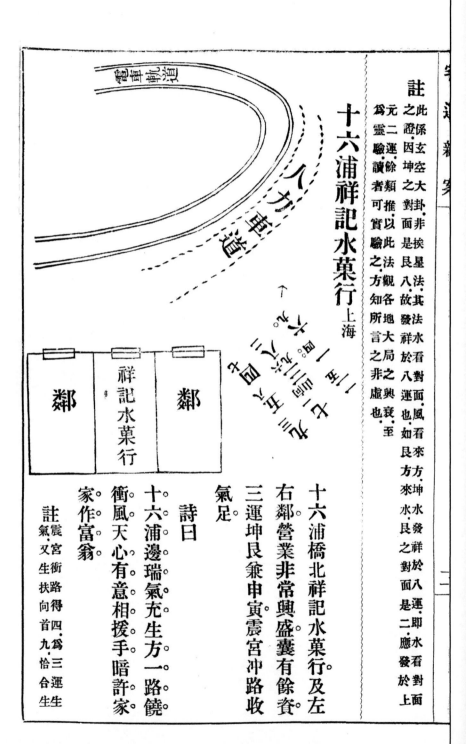

十六浦祥記水菓行　上海

註

此係玄空大卦．非挨星法．其法水看對面．風看來方．坤之證．因坤之對面是艮八．故發祥於八運也．如艮方．坤水．發祥於八運．即水看對面．風看來方．坤水．艮之對面是二．應發於上元二運．餘類推以此法觀各地大局之興衰．至為靈驗．讀者可實驗之．方知所言之非虛也．

十六浦祥記水菓行及左右鄰營業非常興盛囊有餘資三運坤艮兼申寅震宮冲路收氣足

詩曰

十六浦邊瑞氣充生方一路饒
衝風天心有意相援手暗許家
家作富翁

註
震宮衝路得四．為三運生氣．又生扶向首九．恰合生生

施相公衞曰炒豆攤 上海

入之妙.又四九為友.合先天
之生成.故有營業蒸發之應.

施相公衞

土王廟

炒豆攤　刻字店

三運寅申兼艮坤。炒豆攤積財巨萬堆
貨上棧以營業發展遷入對面雙開間
申寅兼坤艮宅內

詩曰

大王廟前炒豆攤驟富因何致巨萬只
為向承旺氣足富翁從此讓傭販。

註

炒豆攤適對施相公衞.向首飛着
三碧旺氣.經所謂衞起樂宮無價
寶也.宜其驟
然
致富矣.

秦巷鎮之興衰

無錫北鄉秦巷鎮在白湯圩西首圩周十里鎮在
道咸間（時在下元）非常發達擁資千萬者多不勝記秦
氏亦有發科者一到上元逐漸衰敗二運大退財
三運一貧如洗良家子孫甘爲盜賊千門萬戶中
罕有能自存立者照神權重內部星氣雖吉亦無
法可以挽救矣。

詩曰

泱泱大水震宮藏折向坎方離脈強運入下元諸
至尊榮安富壽而康那堪死氣逢三運萬戶千
門。
福落陷坑縱使恩星排內部也難補救避天殃

註

此玄空大卦法．註見前．王百萬節．震．
水應七運．坎．水應九運．故下元大盛．

前浜
後浜
秦巷鎮
秦巷鎮
白湯圩
坎

心一堂術數古籍珍本叢刊 堪輿類 無常派玄空珍秘

一六

長生橋南月中桂 上海

南月中桂化裝品號舊係某綢緞號舊址。此
處十餘年內已有數家在此屋歇業三運
壬丙向承受巽宮退氣。

```
九四　五九　四八
↑七二×　山三八×　向三七
二六×　一五　六一
```

長生橋

詩曰

君不見長生橋下月中桂開設至今多賠。

累只為老陰元氣洩坐看財寶連年退。

註　向首二黑坤土。在三運已為衰氣。更
加巽上門路最活動處。挨着六白乾
金。與向首元神相泄。所謂生出是也。
生出主退財。故設號於此者。皆歇業

耗。虧。

毛家衖競化女師範 上海

南市外毛家衖競化女師範學校三運丙午夏間造庚甲兼
酉卯丙午秋初開辦文名盛
極一時校風善良人才蔚起家政改良會亦極發達所出七日談白話報風行一時至戊

申秋初遷至新碼頭因經濟及校務關係故。

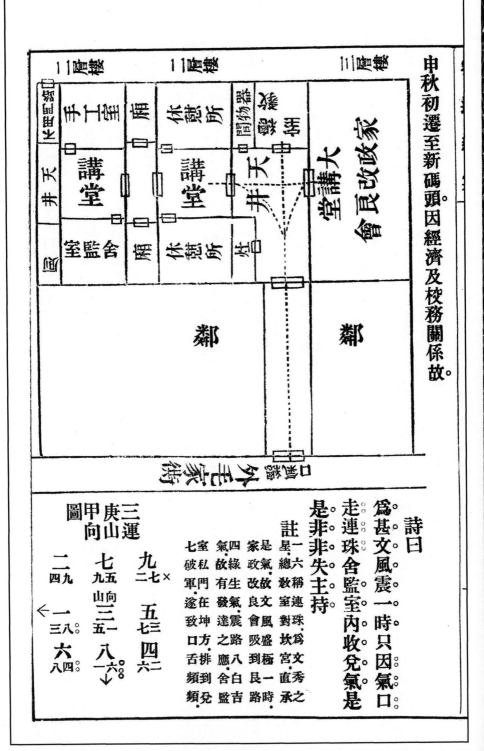

家政改良會

樓下層　二層樓　三層樓

大講堂　天井　大講堂　廟　手工室

講堂　休憩所　器物間

煤台　休憩所　廟　監舍室

鄰　鄰

外毛家街　口門走大

詩曰
為甚文風震一時只因氣口
走連珠舍監室內收兌氣是
是非非失主持

註一六總敎室對坎宮直承之
家是政氣改故良文會風吸盛到極艮一路時
四綠生氣震之應八白吉
氣故有發達之應八舍監吉
七室破私軍門逐在坤方口舌排到兌頻頻兌

三運
庚山
甲向
圖

九二　七×　五七　三四　二
七九　五山　向三　五一
二四　九一　三八　六八四

上海望平街民立報館

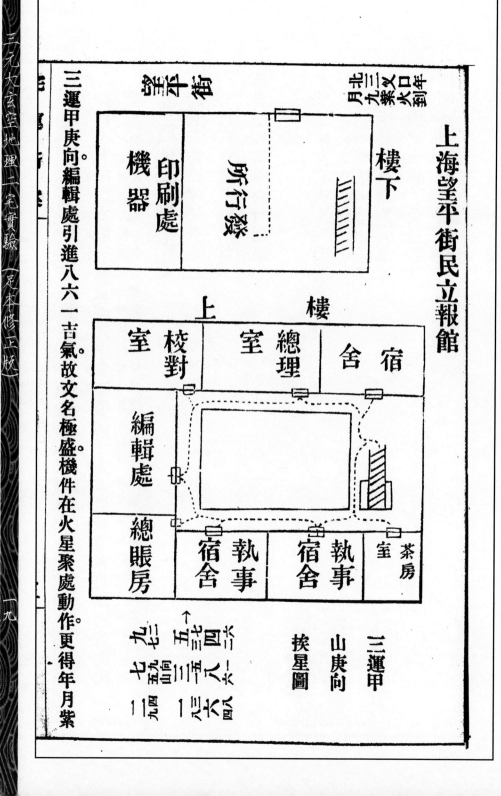

三年文火到
北三九紫
月日口

樓下

街平望
所行發
印刷處
機器

樓上

校對室　總理室　宿舍
編輯處
總賬房　宿舍執事　宿舍執事　茶房　宝

三運甲庚向。編輯處引進八六一吉氣。故文名極盛機件在火星聚處動作。更得年月紫

三運甲
山庚向
挨星圖

火射入內外火星接觸。故不盈年而煨於火。

註二七先天火。九紫後天火。機房動處。火星聚會。向首又逢七赤。辛亥年四月均八入中。九至乾方總氣口。二至艮方內路。七至機房。遂有過火之應。

庚戌九秋開辦。辛亥孟夏過火。

詩曰　人云民立遭天忌。豈識內中失布置。流年九火到冲方。火聚夏初竟火化。

九畝地新舞臺 上海

民國二年夏六月造甲寅正月十三日遇火當年再行建築。

三運丑未兼艮坤癸丑年 上元

詩曰　火鴉飛向左右來。五虎分明。化作灰再怕碧龍三一八騰。騰烈燄起層臺更看春夏金。難到連續推翻丁丙災苦煞。四鄰齊受刼十年以內難星。

新舞臺

追。

註

向首九六三聚會所謂火若趙金彙化木敷經回祿之災者此也地當兩路之交車水馬龍往來不輟更日有千乘之觀客出入活動之甚無有過於是者故應騐之靈如響隨聲民國三年甲寅五入中七至兌九至離二至向首出入處火星全在活動之方且兌離巽宮原有二七羅列故火災必矣

無錫北鄉秦巷鎮東街某寓

癸山丁向

鐵舖　鄰

某進學
及考前十名時宅

井天
井天

房

鄰

兵燹後燼餘高牆

八三。
四五八三七。
六三一。
山向二六七二二。
一八五九九五四九

向首引進生氣後。

戶從破牆上送入
旺氣得挨星訣在
此宅考案首及前
十名在此宅己亥
年進學是年二黑
入中六白到向六
月六白入中一白到向紫白訣一六相見主科名之說非無因也。

予幼時甚寒苦每每家無隔宿之糧自遷入此宅之後家計漸裕生旺二氣為天機所在

之方吸入宅中。自然獲益經日天機若然安在內家活漸富貴天機若然安在外家活漸

退敗徵之各宅每每應驗如響應聲

詩曰　勿謂破牆無甚用有時巧值生旺宮神仙識透知無價一路榮華仗界風

無錫城內倉橋街朱義生

一開間卯山酉向發店（時在二運）

朱義生

帽舖

天

井

房東行醫就
診之人往來
故帽舖後路
活動

詩曰

前向乾金後坐坤。旺方活動受天恩。小資本裏偏開展。擴大生涯到對門。

註
口向乾坐坤。指向盤挨星也。氣也。
口向五黃生扶。向首生入也。

卯山酉向二
運挨星圖

八一　四七　三五
三　　二　　八六
五九
六五　二　　七四
九三
一二　　　　五六

蘇州周姓一宅向上三運挨星圖

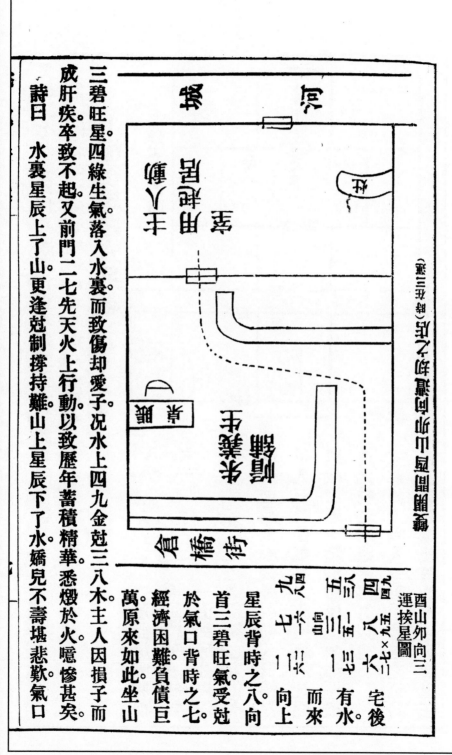

河　城

運之進乾坐

煞

丑

客廳

中堂安業主

倉　橋　街

西山卯向三
運挨星圖

宅後
有水。
而來

向上

首三碧旺氣受尅
於氣口背時之七。

星辰背時之八。

經濟困難負債巨
萬原來如此坐山

三碧旺星四綠生氣落入水裏。而致傷却愛子況水上四九金尅三八木主人因損子而成肝疾卒致不起又前門二七先天火上行動以致歷年蓄積精華悉熄於火噫慘甚矣。

詩曰　水裏星辰上了山更逢尅制撐持難山上星辰下了水嬌兒不壽堪悲歎氣口

又經二七火。燼餘何莫非血汗傷心遂致天年折說到陰陽欲膽寒。

註
一艮上氣口七赤剋倒向首三碧亦為致肝疾之
一因又退財傷丁於氣口之七赤亦不無關係之

上海後馬路永興棧

二運壬山丙向

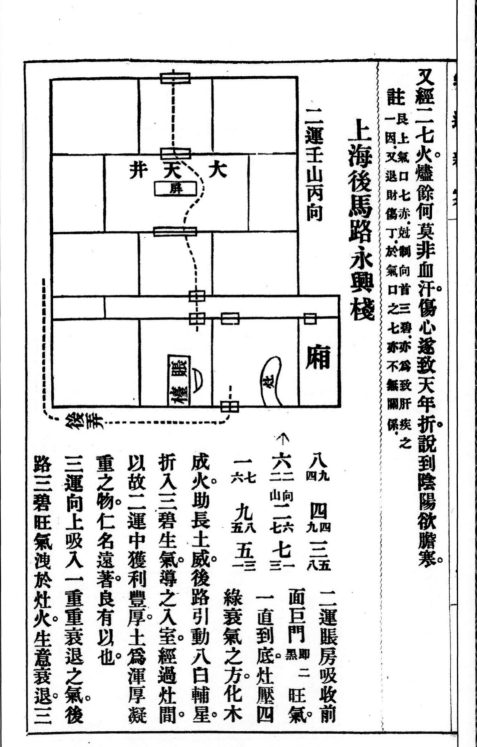

井　天　大

屏

樓眠

廚

後弄

八九　　四九　　四
　　　　　　　三八

六二　山向　二六
二七　　　　七三

一六　九八　五
九五　　　　一三

二運賬房吸收前
面巨門即二旺氣
黑即二旺氣
一直到底灶壓四
綠衰氣之方化木
成火助長土威後路引動八白輔星
折入三碧生氣導之入室經過灶間
以故二運中獲利豐厚土為渾厚凝
重之物仁名遠著良有以也
三運向上吸入一重重衰退之氣後
路三碧旺氣洩於灶火生意衰退三

五二房老輩昆仲二三房中代昆仲相繼辭世幾成煙消火滅之狀甚矣衰退及晦洩之

氣之不克承當也

詩曰　異哉同一永興棧前與後敗卅年間旺氣路來成富業衰星一到不安全。

河南鄭州郝通伯先生舊宅

三運住此多病幾殆全家

患病遷出乃已宅前寬泛。

旺氣無歸束

灶壓山之二黑病符上火

門向向星五黃死氣上左

邊間有×之符號處內路

移在坤宮山星五黃上丙

辰年民國五年三入中宮五到

灶門向上九到坤宮生起

三運子山午
向挨星圖

```
          ↑
  五×一    九    五×一
  一五×    五    一五×
  四九六         四九六

  七三          二八
山三七          一六九
  八二          六二×四
```

五黃凶土故各人起病皆在此間。住此間者得病獨重四綠生氣。被灶火焚化化出二黑

病符之土病從口入土旺則腎虧耳聾之疾並非無因

當場化出病符土聾子祗因腎水虧。

詩曰

東間旺向化為衰灶壓艮方生氣危。

無錫北鄉秦巷鎮倪隆源京廣貨舖　發於上元二運

向首空曠而此曠場作為榮市千人行動旺氣吸足自不待言並有西衕生氣轉折冲來。

更有天空祿存生氣吹到坎方高牆廻轉迄來又得東南八白輔星吉氣吹入坎乾角度

沿牆送來真個成就花團錦簇之概其發福於此運也雖其人夙福所感而天事之巧妙

實所罕覯也向首所繪者乃描畫風相風本無相作此以醒目而已

詩曰

倪氏隆源小賣商因何豪富壓秦巷

止為向首承氣足廻風助吉天恩降

倪隆源京
廣貨舖承
氣圖

乾　坎

鄰　鄰

潮來巽口

潮來巽方

鄰

倪隆源
京貨店

二運
大發

丁山癸向

鄰　鄰

此弄各村入市往來人衆

潮來

潮去

二運丁
山癸向
挨星圖

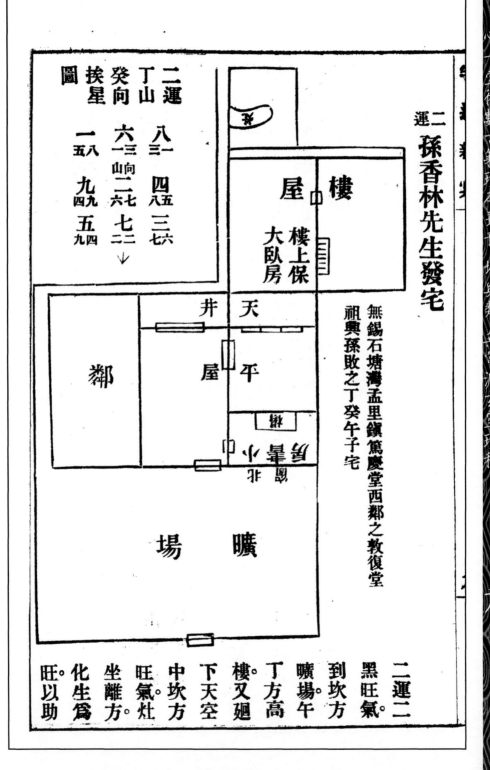

二運　孫香林先生發宅

無錫石塘灣孟里鎮篤慶堂西鄰之教復堂
祖與孫敗之丁癸午子宅

二運
丁山　癸向
挨星　圖

八三一　四五　八三
一八　六三山向二六七　一五
九四　五九

樓　屋
樓上保
大臥房

天井
平屋
鄰

曠場

二運二黑旺氣。到坎方。曠場午丁方高樓。又廻下天空。中坎方。坐離方。旺氣灶。化生為旺。以助

土威。故以善權子母而成偉大富業書房門路走動四綠文星之方。遇年月助吉主發科。

故其子入學成秀士

三運向首二黑衰退灶火盜洩三碧旺氣化出二黑衰退之土故長孫保大吸食鴉片將

四五千現金百數十畝良田逐漸敗盡今則全宅易主矣。

詩曰　試看先輩香林宅助吉助凶在灶間二黑運中成富業祿存無奈化為烟。

沈氏東三省大連市興業公司

○處為宅中禦寒之通天火爐

下層

沈氏三大興業公司

通利當　其地通行五分利故典當業獲利甚厚

主任員辦事室

灶

磨粉工場

此處為平屋星

曠場

三運甲寅年入宅。未山丑向。（實於二癸丑十向）

底開始遷入　通利當吸足旺氣生涯獨盛。

總公司收氣夾雜吉凶參半主人臥

室純乎吸收衰死之氣聞沈氏游旅

順遇陰謀家席間中毒回寓發險症

而亡。

上層

沈德耀
臥室

詩曰

已過之氣為衰退過久為死動非宜。

屈蠖待時雖暫寄天機莫背可無疑。

又曰

怪哉小小通利當日進紛紛生意旺。

爲得天機作主張萬千主顧爭相訪。

南京東南大學口字房

南京東南大學口字房為東南學府之精華所聚處。不幸於民國十二年十一月初四夜

十二時後失愼悉數燬於火。

中宮向星九七聚火正如紅爐聚火丙廊及八十一號房氣口又逢向星九七聚火甲乙

已路冲射之方二七先天火九七後天火年月日時一氣鼓動且巽方池水所照之方更

得兩重巽風煽之成此巨劫。亦甚矣。

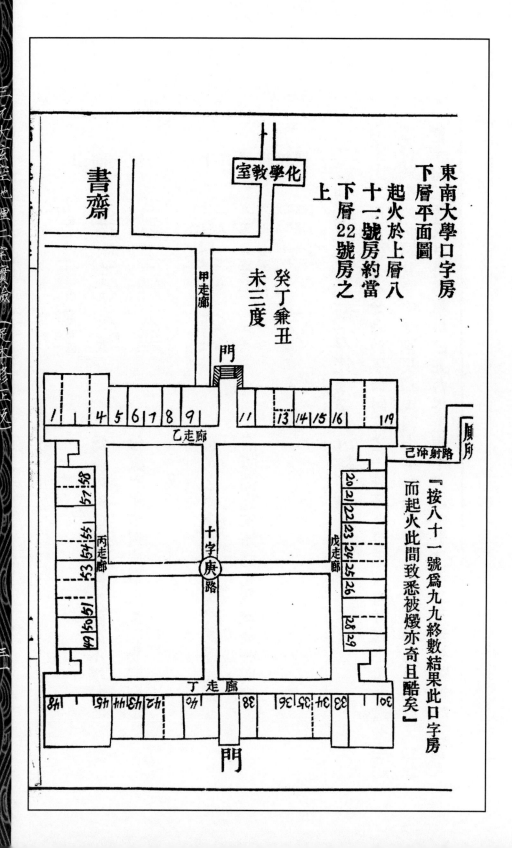

東南大學口字房
下層平面圖
起火於上層八
十一號房約當
下層22號房之
上

癸丁兼丑
未三度

化學教室

書齋

甲走廊

乙走廊

丙走廊

丁走廊

戊走廊

己冲射路

十字庚路

顧房

門

門

『按八十一號爲九九終數結果此口字房
而起火此間致悉被燬亦奇且酷矣』

山向挨星

九一六　　五一五二　　四六一
二五九　　　　　　　　四九五

　　　　　向
↑七三四　山
　三三　　三八六九×　八二五
七三二　　　　　　　　八四一

二七八　　一九七　　　六四三
　一六八　六二三

年月日時挨星

四×四×　　二×二×　　七三
二×九×　　九×七　　　七五　　六二
　三一　　八六　　　　　八四六

九×九×　　九×　　　　二×二×
七　五　　五　　　　　七五　　六四
　日五時三　年五月一　　一六　　一八

詩曰

為甚東南口字房。炎炎烈火不堪當。
無數火星飛射處。巽風煽動勢猖狂。

又曰

起火之間逢九九。暗排劫數盡廻廊。
消防從此求無憾。究竟安全在向良。

蘭路某宅承氣方化恩為仇格　(上海)

宅主上元丙子生七赤金命洩氣於向首之一外路土星折入入口處仇星一邊全宅總權付於主命仇宮食堂中受制更烈民國十年辛酉五黃到入口及內路九月五黃又到灶位十月二黑又到外路氣口故九月得重病十月幾殆十二年癸亥八到外路氣口三到入

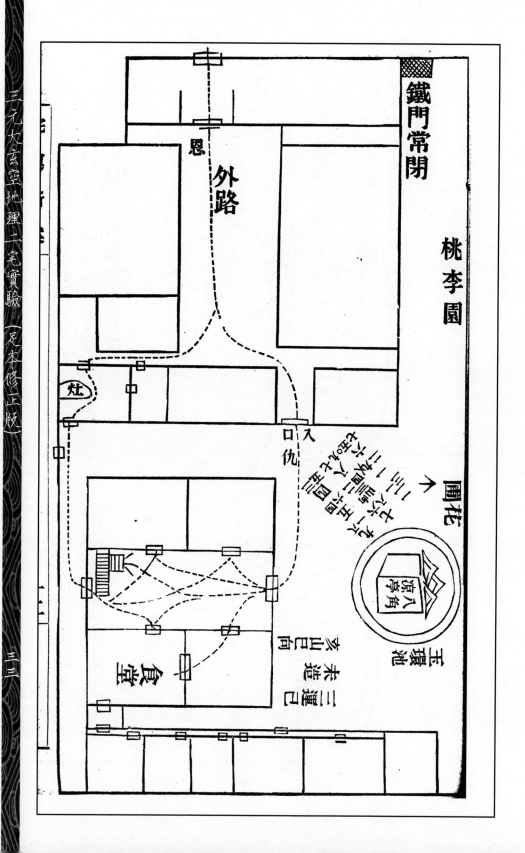

三元大玄空地理二宅實驗（足本修正版）

鐵門常閉

桃李園

恩

外路

中

灶

入
口
仇

花園

王環池

涼八亭角

亥山巳向

朱造運巳

三二三手
七五造圖兼
七五入手造
亥圖三主手

食堂

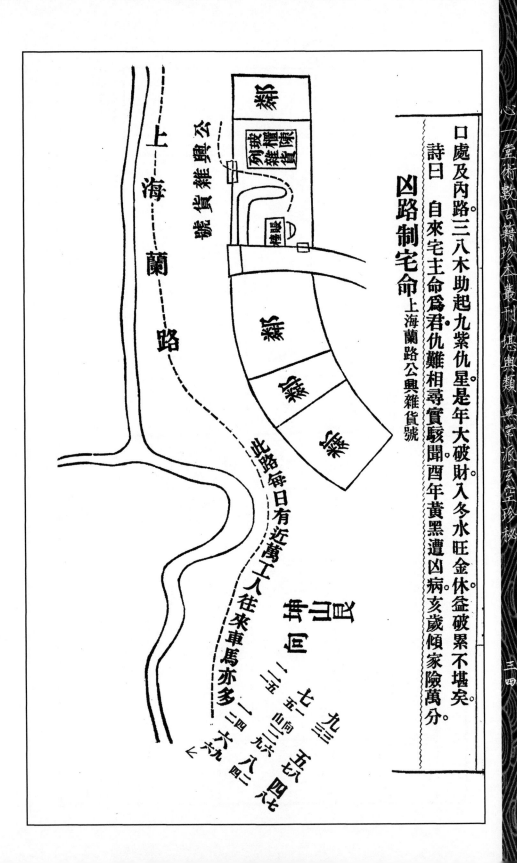

口處及內路三八木助起九紫仇星是年大破財入冬水旺金休益破累不堪矣。

詩曰 自來宅主命爲君仇難相尋實駭聞酉年黃黑遭凶病亥歲傾家險萬分。

凶路制宅命 上海蘭路公興雜貨號

上海蘭路

公興雜貨號

陳櫃

玻璃雜貨陳列

賬房

鄰

鄰

鄰

鄰

坤向艮山

是路每日有近萬工人往來車馬亦多

九三

七二
五三四向二五

五四三六
八四九六

二四
二六
八四
二八

公興雜貨號。係厚生紗廠職員集資所辦。民國十二年孟夏。因職員有解散之勢。此店關門。秋間又開。限期廉價欲將底貨脫售。顧客甚少。未幾又閉歇。

該號無後路。故向盤旺星到坤。雖有實無。猶幸大門走著一點生氣。然不敢蘭路北首冲來七赤破軍死氣癸亥年。即民國十二年末年流年五入中六到乾。破軍死氣得六金助威成了交劍煞四綠生氣自然無濟。且流年八到向洩宅神九火之氣。遂致絕望。

詩曰 嗟彼公興雜貨號可憐生路遇軍刀。指七赤破軍也 癸亥流星洩向氣閉門兩度不輕饒。

水命兒七個死因

上海華德路德大里穆宅於民國七年戊午添一男丁。官名七 是年一白值年。以故此兒為一白水命兒。極清秀聰慧。人咸愛之。但該宅坐山飛星一白到坤。受向星八白土尅制。此兒本不宜居於此宅。且偏偏隨着乳媼住於右邊一間。一白受尅之方。民國八年己未九紫入中。五黃到內路行動之坎宮。十月五黃入中。二黑病符到小兒臥室一方。於是月得重病歿於初九日卯時。初九丙戌日日白二黑入中宮八土又到坤方時白卯時九入中。五黃又到內路活動之方。遂致不起。年命值宅上山星受尅之方。為致殤一因。住於受尅

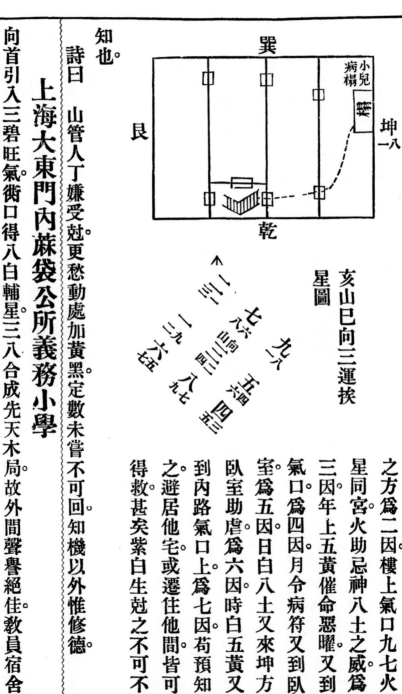

亥山巳向三運挨
星圖

之方爲二因。樓上氣口九七火
星同宮火助忌神八土之威爲
三因年上五黄催命惡曜又到
氣口爲四因月令病符又到臥
室爲五因日白八土又來坤方
臥室助虐爲六因時白五黄又
到內路氣口上爲七因苟預知
之避居他宅或遷住他間皆可
得救甚矣紫白生尅之不可不
知也。

詩曰　山管人丁嫌受尅更愁動處加黄黑定數未嘗不可回知機以外惟修德。

上海大東門內蔴袋公所義務小學

向首引入三碧旺氣衖口得八白輔星三八合成先天木局。故外間聲譽絶佳教員宿舍

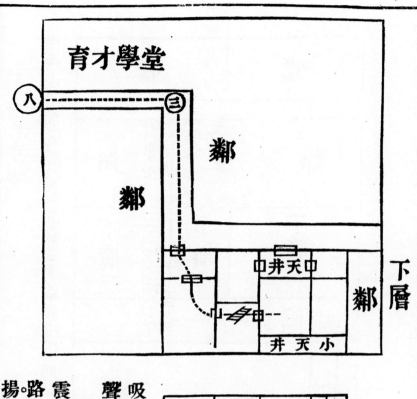

育才學堂

上層

子山午向三
運挨星圖

九一　　五　　五
　五一　　　四
　　　　九六

七三○
山向
三八七
八四二

二八○
一六九
六二

吸收氣口四綠生氣。宜平教務振作。有聲有色。震動遞遍也。

詩曰

大東門內小學堂。如何校譽震遷方。只為三八先天木。木運之中來路良。再看西角教員室。氣口逢生姓字揚。小規模中大作用。天機占得不尋常。

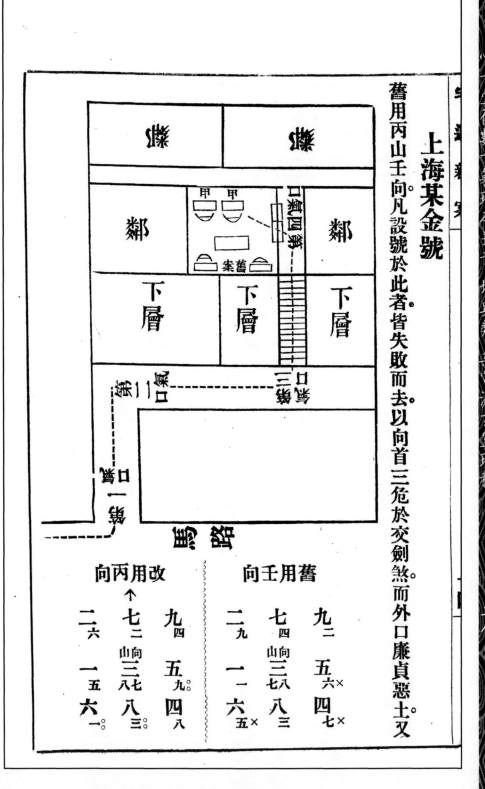

上海某金號

舊用丙山壬向凡設號於此者皆失敗而去以向首三危於交劍煞而外口廉貞惡土又

向壬用舊

九二	五六×	四七×
七四	山向三七八	八三
二九	一一六五×	

向丙用改

↑七二	九四	
山向三八七	五九。	
二六	一五	六一。

助虐故也。

友人某君欲設金號於此囑予代爲布置遂囑將辦事之案移于甲處而改爲丙向使氣

口星辰節節生入外口一向內生第二三氣口三八木三八木又隨同來客直上樓梯生

第四氣口九第四氣口九生坐前之二黑巨門土果然捷得厚利。

詩曰　化煞爲生反掌間重重生氣往內旋。果然著手開金庫滾滾財源湧眼前。

推行佛化之暗助　上海蘭路佛學推行社

外路乾方冲動有力處爲向上兌七所到之地爲一白命人生氣之方。而樓上氣口同在

此兌七生氣方。更觀其路線循環變化四九合出金曜恩星二七合出火星妬之。而八白

輔星居間調和化妬爲助。六宮全被土金二氣所統駁。一白生人在此無聲無臭之地宜

乎動合天機三閱年來所植主張風動全國也。

詩曰　試看佛學推行社三閱年來震華夏。

一路生機擁護周此功應分歸造化。

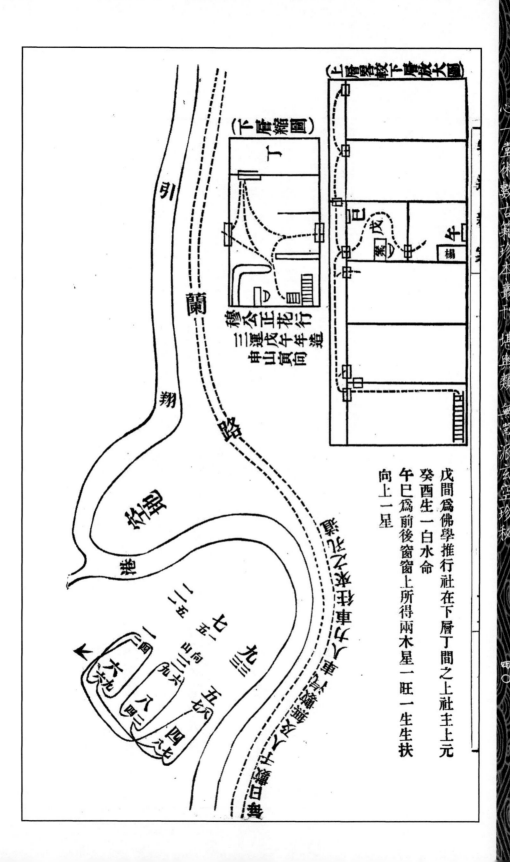

（上層參較下層放大圖）

午

楊

巳

戊

申

（下層縮圖）

丁

中

目

穆公正花行
三運戊午年造
申山寅向

戊間為佛學推行社在下層丁間之上社主上元

癸酉生一白水命

午巳為前後窗窗上所得兩木星一旺一生生扶

向上一星

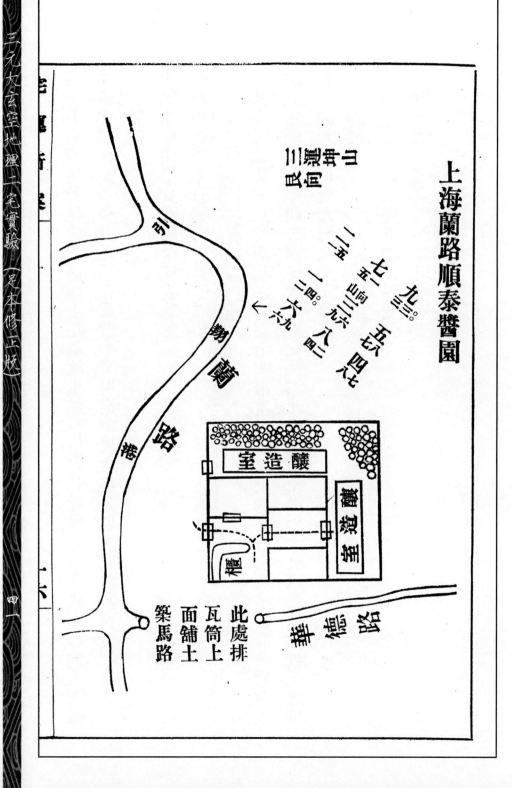

上海蘭路順泰醬園

巽坐山向

九三。

七二　五六　五八
　　山向　七七　四八
一五　　山向
一一　二三六　九六
　　一四。八二
　　二六六九
　　↖

此處排瓦筒上面舖土築馬路

室造釀

釀造室

櫃　中　中

引

蘭　港　路

築馬路

路　德　華　路

坤宮有三四里特朝之水。得向上旺氣。故生涯甚盛震宮近照有三义曲水。得向上四綠

生氣後望頗長故營業逐年拓展櫃中又引進前後生旺之風故貿易非常發達也

羨他暗裏承天助釀酒工場得福基

詩曰

水與風兮兩得宜雙收生旺氣為奇

上海蘭路裕成醬園

裕成醬園為此地最先開業之醬園距鬧市遠而吸集主顧比各家為多彼有一種拿人

法。凡主顧以銀洋向之購物或向之兌換銅元必比市上高抬十文以此遠遠近近為爭

此一銅元之便宜而有賓至如歸之狀。

詩曰

寅山坐後湧高牆廻下坤方碧氣强。

看汝功成三運底居然奪得醬園王

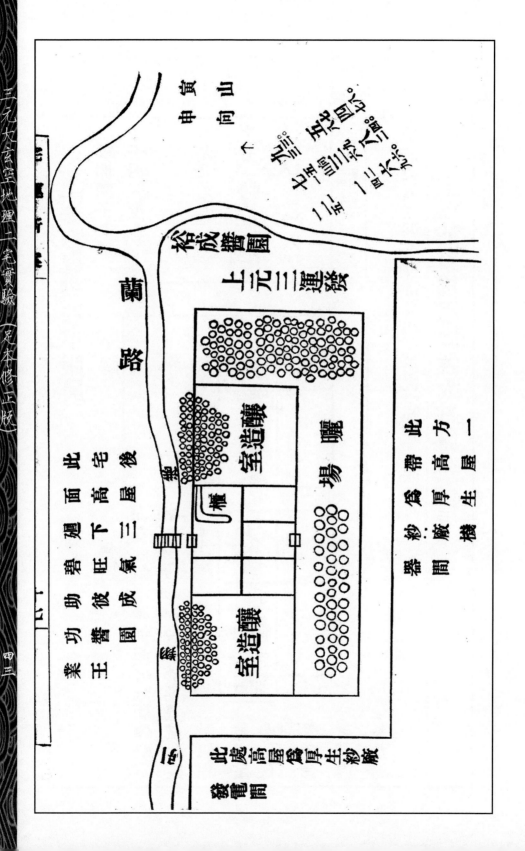

上海豫豐紗廠申賬房

雙開間子午兼

壬丙三度

```
九一　五五　四✗
五一　四六　✗
↑七三　山三向三七　八✗
二八　一九　六四
二七　一六　六二
```

下層

慶順里

所欲殺氣滿盤不可當雲程萬里快遠矚。

上海浦東楊思橋恆大紗廠公事房

賬房　天井　鄰

上層　天井　灶間　總書

詩曰

向首旺氣本嫌促。更有灶間肆酷毒。一步樓梯退氣冲陡

灶火盜洩木氣　養生　二黑退氣

教總理難駐足。賬房又受乾金尅調濟甚難遂

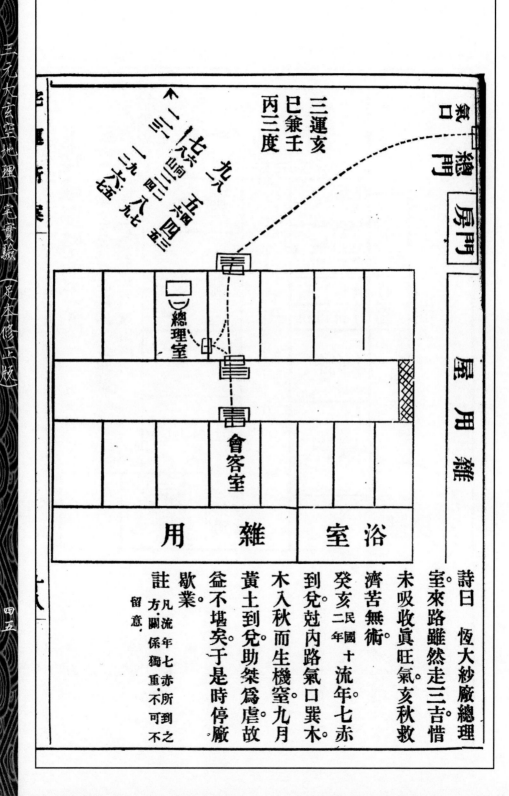

氣口 總門

房門

三運亥
巳兼壬
丙三度

總理室

會客室

用雜

浴室

房 用 雜

詩曰　恆大紗廠總理
室。來路雖然走三吉惜
未吸收眞旺氣亥秋救
濟苦無術
癸亥民國二年十流年七赤
到兌尅內路氣口巽木
木入秋而生機窒九月
黃土到兌助桀爲虐故
益不堪矣于是時停廠
歇業。
註
凡流年七赤所到之
方關係獨重不可不
留意

上海威賽路聶公館

即門口口氣

橋之威賽路亦名匯山路

宅之右邊爲馬路即上海提籃

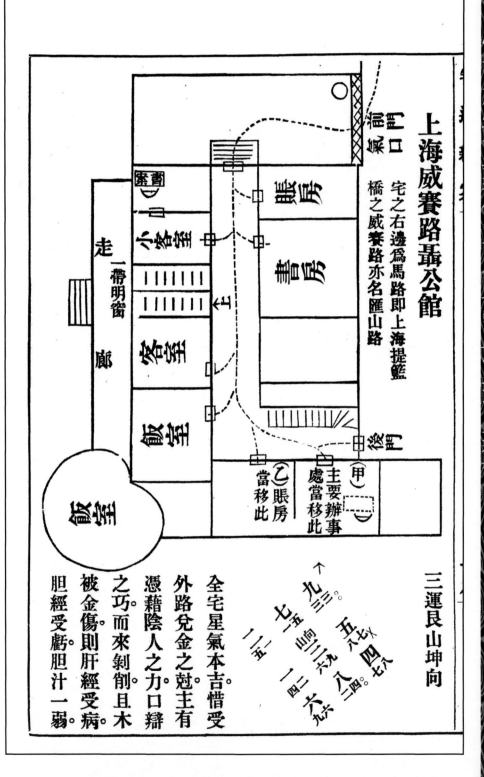

賬房

書房

裁書

小賬室

客室

飯室

走廊一帶明窗

飯室

上

後門

（甲）主要辦事處當移此

（乙）賬房當移此

三運艮山坤向

全宅星氣本吉惜受
外路兑金之尅主有
憑藉陰人之力口辯
之巧而來剝削且木
被金傷則肝經受病
膽經受虧膽汁一弱

胃化力亦不足矣。

前門○處置儲水器以資解救主要辦事處與賬房當移於甲乙二室因甲子年即交四運藉以吸取離宮五黃生氣也。

又到
兌

詩曰　滙山路上聶公館坐艮向坤對碧天可惜兌金占外路助凶最怕癸亥年。七赤白

無錫吉大亨雜貨舖

初設

光復　九七　五三　四二

門外　七五(山向)　三一　五八

三運

庚山　二九　一八　六四

甲向　黃二黑到向.

詩曰

光復門外吉大亨前朝甲木後坐庚開張未幾多耗折。辛酉夏間病一場。○乾兌方雖有生旺氣苦無門路活動.流年七赤入中.五月四綠入中.五

後遷

東門　九二　五六　四七

亭子　七四(山向)　三七　八三(向)

橋邊

丙山　二九　一一　六五

壬向

詩曰

後來遷住東門去亭子橋邊壬向良前後雙收生旺氣。

驟然家計轉榮昌。該宅幸離宮有空地通風坎宮沖動得人來風凡零星主顧步步送

風入店坎離爻媾此旺彼生溫飽之來如是如是

上海□德路德大紗廠

三運

九二一　五六六　四七

九四八　五九四　四八三(山向)

丙壬

七四八　二四六　八三九(向)

山向　三七二　八三七

兼巳

亥

二九三　一二二　六五七

二六一　一五九　六五五

離宮有二里許特朝之水。坎宮有四里許特朝之水。

民國四年乙卯夏五月開車是年四綠入中宮九紫

到向十月花樓失火是月八白入中宮四綠到向四

綠為巽風本廠坎宮本有九七火盜洩木元又逢流

年火到加以月令巽風煽動炎炎之火不可撲滅矣。

公事房為全廠主腦惜旺氣所在處。排了便所終年關閉尚幸吸得四綠生氣總算不惡。

癸亥年五黃入中。九紫火到離宮將巽木燃燒生氣洩盡廠運危殆。此為開業以來最不幸之年。

詩曰　雙木飛臨照水邊。無如妖火燃其前更加年月來風火巨萬金錢化作烟。

上海北京路清遠里一號

騎縫山向半陰半陽靈機混亂祥不勝殃如入霧裏如墮陷坑反吟復吟。

德大恆大兩
紗廠批發所

九二八　五三七　四二六
七四　　三八　　二六九

〔巨〕

此方良天空海濶任我高翔

（吟。到對宮為反吟。星到本位為復吟。坤吟為愁嘆失望之聲宅舍得此最為不利。中心憂傷如眉灼火去）

詩曰　大本營何下半陰進退維谷實驚心。

三運甲庚卯

七九一　八一九
五六一山向三五

酉半陰半陽
向

二九六　一三七　六四七
四二　八三　二

諸家虧累同遭劫五里霧中失縱擒悲笳八路

咸吹起最壞莫如反復吟數百萬金大貿易因

無天助困於今。

第一章　陽宅

榮巷某宅　無錫

梁溪懺悔學人著
同邑無相行人校

前二進老屋雙開間一運建築壬丙向後二進新屋三開間三運庚申（民國九年建）築壬山丙向老屋總氣口在全宅之巽宮所得星晨為四七六五在二三三運間屢殤小口及少年人民國九年添築新屋諸人悉居第三進樓屋長房居東面二間其出入門路適在宅之中心離宮按坐坎之屋為坎宅·宅命屬水。坐乾向巽為乾宅·宅命金·坐坤向艮為坤宅·宅命土·餘類推。以金為恩星水為比旺土為仇煞向上排來總氣口得坤土坤在二運為天醫福德大利丁財。以金失運為病符死氣且為坎宅仇星門路逢此主腹疾水虧女丁欠寧一門多病是故入宅後剝雜無已更加灶壓艮方山星五黃上火門向離生起巨門頑土助榮為虐因此全宅病魔紛繞民國十二年癸亥五入中九火到向八月四入中八土到向忌神愈得勢宅命

住房長屋左　　住房二屋右

鄰屋

第一進平屋　　老屋一運建築

書房

門間　大大門

天井

第二進平屋

客堂

第三進樓屋

井　天

臥房　客內堂　臥房

新屋三運建築

灶間　井　天

第四進平屋

柴間

前一二
　象壬　運進　丙　子午

七二八　三四七　八二三
二六四　一五七

五二九　一　六五
六一二九
山向

九四七八五　八三七八四　四三八二九
山

九二四　五六九　四七八

後二三　運進　壬　↑
七二四二　三八三七　八三三
山向

向山　丙　三運
二六一五　一五六一　二九六一

愈遭磨折。上元庚申生孫女。不幸夭殤。（小字：亡。時尚在。九月初三日 八）

於是月十一月一入中黃土到向宅主下元癸亥生人。（小字：月節 內）

已患肺癆病多年。明年歲次丁卯（小字：民國十年）白一入
中五黃到向甚可憂也。余囑其在丙寅年內將現居
之樓屋。中宮改建。使局運變換則總氣口轉死衰爲
旺氣。更移灶位於坤方。火門向離則木生火火生土。
土生金生宅命坎一水。轉愁爲喜反掌間也。二房
居西面一間出入門路在坤宮值向星四綠所在乃
三運之生氣四運之旺神財運有望。惟嫌山星二黑會合巽木尅坤土老母不利癸亥年
五入中二黑土到坤。正月二入中八白土到坤。命受制二房子上元壬辰生於是月十
八日天殤主母上元丁卯生亦於是月二十四日病歿觀此二宅可知宅命受尅之凶危
矣。

新市橋惠宅　無錫城內

雙開間二進前進平房後進樓房前進賃出開設圓桶舖。酉山卯向。一運內建築。一二運

第一進平屋

第二進樓屋

運一

酉山　卯向

九　五　七
四七　大三　六五

八　一　三
五六　三八　一四

五　　七
四三　二九　三

間進出大門闢在艮宮。

二運內財運豐盛人口
與旺蓋大門吸到二黑
旺氣也三運初年將大

門移往巽宮財運衰退後輩兄弟二人均在二十餘歲時相繼夭殤并殤小口兩位後遷

現在大運開
三運開關
長
客堂
天井
圓桶舖
房廟
一二運間通行之大門
擬在此處現
關新門
通門行
窗
內門
灶
後門

入某房西亦殤小口二個。目下兩房祇存一子。家境亦甚寒苦。查其衰退之因。在總氣口排着七赤凶曜死氣損丁之因。蓋在大門七四金木相剋也。現囑其改闢震門。吸引向首六白吉氣。倘主人能聽從余言。不難轉禍爲福也。

城內大河上汪宅 無錫

一進三間三運丙山壬向癸亥年遷入左房爲上元庚子生丁男一白水命臥室。內門在坤宮。按是間居艮震二宮土水相剋之方。一白水命原不宜居此。更加坤方氣口二黑土來剋水民國十四年乙丑年白三碧入中。九紫火到坤。生起二黑凶土立秋後月白八入中。五黃土又到坤宮氣口二黑土至艮宮榻位一白水重重受剋庚子生人遂重病不起。房上元甲辰生丁男六白金命臥室乙丑秋間住入內門關在巽宮適值九六火金相剋利六白命宮之人且主血症丙寅年白二黑入中一白水到巽正月起甲辰生人即患吐血症三月加重因月白九入中八土到巽土剋水水剋火火剋金所謂重重剋入者此也元空秘旨重重剋入主立見死亡幸八土是吉星且生扶六金故尚無礙倘六九月五二凶土飛臨恐凶禍不免余囑其馬上遷居避之。

圖氣承宅汪

雪堰橋吳宅　武進

小圓

天井

客堂

上元庚子生
一白水命臥室

上元甲辰生
六白金命臥室

榻位

榻位

大門

三運　丙山壬向

二九四六七
九五四八七
六五一三八三

心一堂術數古籍珍本叢刊　堪輿類　無常派玄空珍秘

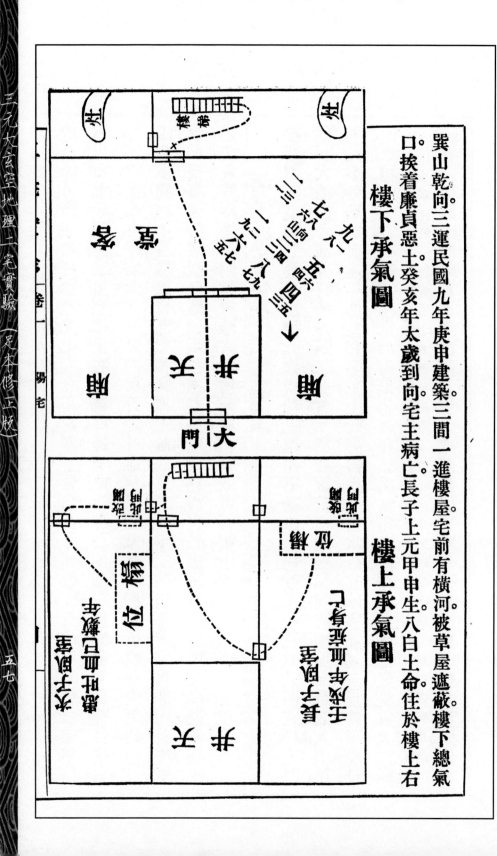

巽山乾向。三運民國九年庚申建築三間一進樓屋宅前有橫河被草屋遮蔽樓下總氣口挨着廉貞惡土癸亥年太歲到向宅主病亡長子上元甲申生八白土命住於樓上右

樓下承氣圖

樓上承氣圖

邊一間房門在坎宮適逢九七火金相尅應主血症及肺肝等疾。壬戌年太歲臨向年白
六入中七赤到向二黑到樓上右房氣口長子血症身亡長孫左目失明次孫雙目俱盲
從肝致盲至乙丑年病天次子臥左房亦患吐血症已歷數載按向首廉貞在失運時原主
凶惡多病樓上右房氣口九七相尅原主血症更來流年二黑病符助之再加向首流年
破軍飛臨凶勢猛烈自然凶禍難逃左房氣口在震宮二黑病符上自應疾病纏綿補救
之法宜將兩室私門移置離宮承接輔星吉氣庶可凶禍永免

榮雪梅先生住宅 無錫榮巷

雙開間三進前二進平屋後一進樓屋三運建築壬山丙向兼子午三分大門在坤上門
前有大池塘元空五行坤方四二交會元空秘旨云山地被風吹還生風疾是故入宅後
主人即患風木症逐年加重查宅主上元癸酉生一白水命其臥室在第三進樓下震艮
土水相尅之方不利一白水命而偏偏住在該處臥室私門在坤方所得星辰與大門同
甚家財運民國十四年乙丑年白三入中九火到坤將巽木化成黑土病符病益沉重漸失

坤上四二最怕大池助凶更逢外戶私門均承是氣故宅主臥室風疾難逃而宅主復值其
一白水命住於一白受尅之方故一白命人獨得風疾又四為三運生氣四運旺氣故其
甚佳

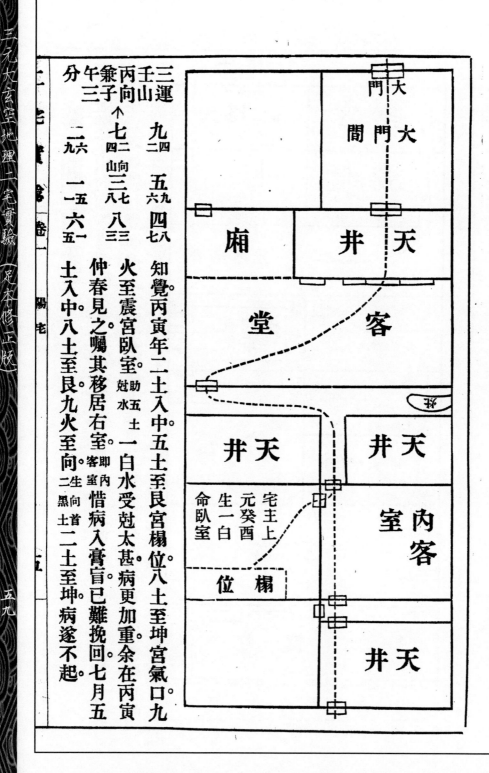

二宅實驗　卷一　陽宅

三運
壬山
丙向
兼
午
子
三
分

九四
五六九
四七八

↑
七
山向
四二
三八七
八三

二九六
一五一
六五一

知覺丙寅年二土入中五土至艮宮榻位八土至坤宮氣口九

火至震宮臥室助水土一白水受剋太甚病更加重余在丙寅

仲春見之囑其移居右室客即內室惜病入膏盲已難挽回七月五

土入中八土至艮九火至向二生向首二黑土二土至坤病遂不起

五

蘇州閶門內永豐莊

子午兼癸丁山向何運建築已不可追攷往昔生涯平淡及三運中葉全宅大修理立極更變生意驟盛獲利豐厚按其元空五行向上排龍三碧令星到向坤宮大門總氣口飛

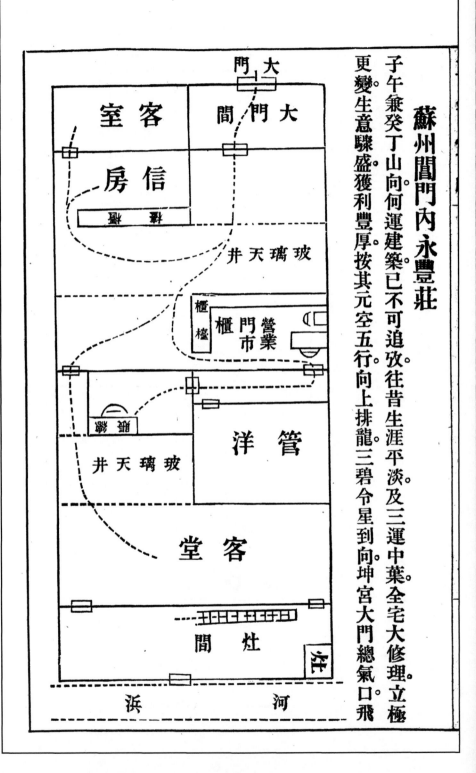

三運
改造
子午　兼　丁癸
圖
↑

九一　五一　四
　五　四六　九六
七三山向三七
三八　八四二
二七　一九　六
　八　六四　二

着一白貪狼吉星與向首相生與宅命比和生入比和皆
主吉利門市櫃直對大門吸足三碧旺氣轉艮折入四綠
生氣生旺齊收宜其生涯驟盛矣

洞庭東山孫康如先生宅

石橋頭孫宅三運民國七年戊午建築丑山未向入宅後全家病魔纏繞剝雜無已主人
屢請各地堪輿與名家設法補救均莫衷一是有囑其遷居者有主張改闢兌門者　在右廂
黑門　余於丙寅仲夏應友人之約至洞庭承友人囑代補救因將其致病理由及補救方　兌宮二
法詳列於後藉資研究
按坐艮朝坤之宅爲艮宅宅命屬土以火爲恩星木爲仇星該宅大門終年關閉平時出
入皆在離宮便門是方挨着元空五行向星巽木適爲艮宅仇星尅制宅命此爲剝雜多
病一因便門巽木在三運爲生氣至四運爲旺氣生旺二氣皆主財運亨通惟與山星坤
土會合坤爲老母受尅於巽木主宅母不利此爲剝雜多病二因主人上元同治十一年

氣痛症。此爲剝雜多病五因樓上左臥室。夫婦先居此室私門在兌方佈着二黑坤土。

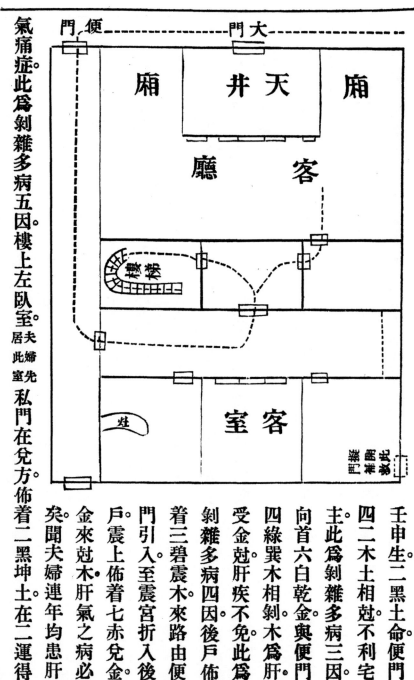

便門　大門

廂　天井　廂

廳　客

樓梯

灶　客室

此區域被拆門

壬申生。二黑土命便門。

四二木土相尅不利宅主此爲剝雜多病三因。

向首六白乾金與便門受金尅肝疾不免此爲肝。

四綠巽木相尅木爲肝。

剝雜多病四因後戶佈着三碧震木來路由便門引入至震宮折入後戶震上佈着七赤兌金來尅木肝氣之病必矣。聞夫婦連年均患肝氣痛症。

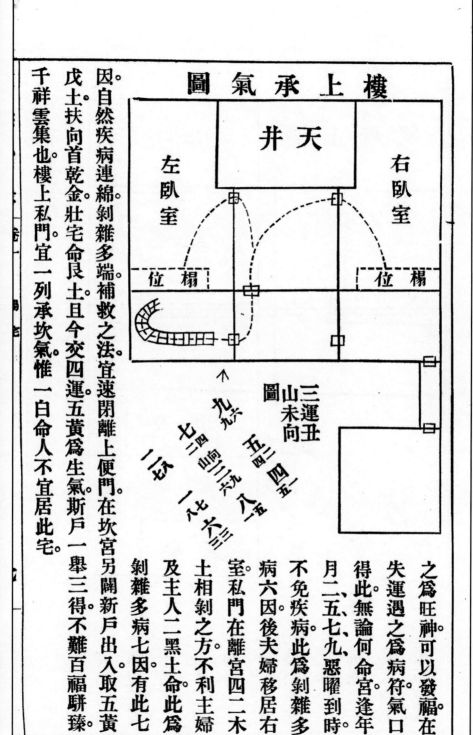

樓上承氣圖

天井

左臥室　　　右臥室

楊位　　　　楊位

三運丑山未向圖

因自然疾病連綿剝雜多端補救之法宜速閉離上便門在坎宮另闢新戶出入取五黃

戊土扶向首乾金壯宅命艮土且今交四運五黃為生氣斯戶一舉三得不難百福駢臻

千祥雲集也樓上私門宜一列承坎氣惟一白命人不宜居此宅

之為旺神可以發福在

失運遇之為病符氣口

得此無論何命宮逢年

月二、五、七、九、惡曜到時

不免疾病此為剝雜多

病六因後夫婦移居右

室私門在離宮四二木

土相剝之方不利主婦

及主人二黑土命此為

剝雜多病七因有此七

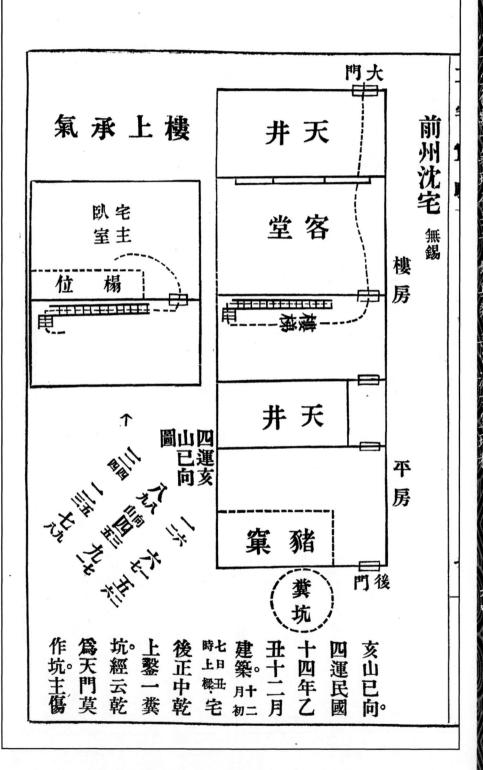

前州沈宅　無錫

樓上承氣

宅主
臥室

楊位

大門

天井

客堂

樓房

神柜

天井

平房

豬窠

後門

糞坑

四運亥
山巳向
圖

↑

亥山巳向。

四運民國
十四年乙
丑十二月
建築。十二
月初二
日丑時上樑宅
七日丑時上樑
後正中乾
上鑿一糞
坑。經云乾
爲天門莫
作坑。坑主傷

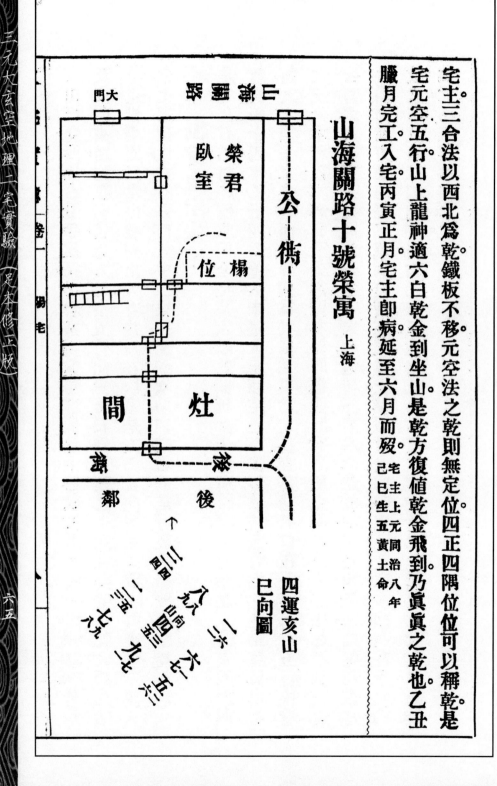

山海關路十號榮寓　上海

宅主三合法以西北爲乾鐵板不移元空法之乾則無定位四正四隅位位可以稱乾是
宅元空五行山上龍神適六白乾金到坐山是乾方復値乾金飛到乃眞眞之乾也乙丑
臘月完工入宅丙寅正月宅主即病延至六月而歿　宅主上元同治八年　己巳生五黄土命

四運亥山
巳向圖

亥山巳向。四運乙丑年建築。榮君於丙寅年春間遷入住居樓下右邊一間。餘屋他人住外戶

及內門來路均在震宮是方。元空五行向星五黃爲四運之生氣。且與宅命乾金相生吉

宅也。惜榮君日常由後戶出入查後戶在坎宮是方。佈着向星兌七破軍丙寅年二黑入

中。七赤到坎。六月六白入中二黑惡土到坎助凶。榮君於是月經營棉紗業虧耗甚巨。

洞庭東山朱宅

是宅在石橋村純德堂內全宅甚宏敞。此圖祇就朱姓所居者。下元九運立極。朱姓於四

運民國十四年乙丑四月遷入。未遷入前該宅已空多年。故依照入宅之運推算艮山坤

向入宅後全家多病。而以肝病爲獨多。宅主爲尤甚。查其總氣口在離宮元空五行挨着

六三金木相尅木爲肝。受金尅則木壞肝傷此肝病之所由來也。又六三相尅三碧

命宮之人宅主上元同治十年辛未生適值三碧木命是。故宅主疾病獨甚灶位在震宮

火門向巽方適向星二黑病符所在二爲土助以灶火凶勢猖狂。全家多病全在乎此補

救之法宜將灶門向坤。吸當元旺氣在總氣口方。置水缸蓄養黑魚藉以化金生木。苟能

如此不難轉殃爲祥也。

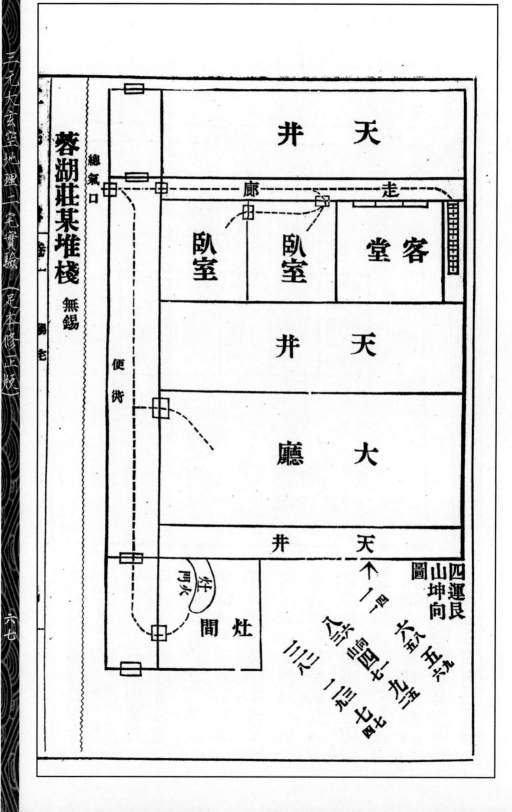

蓉湖莊某堆棧

無錫

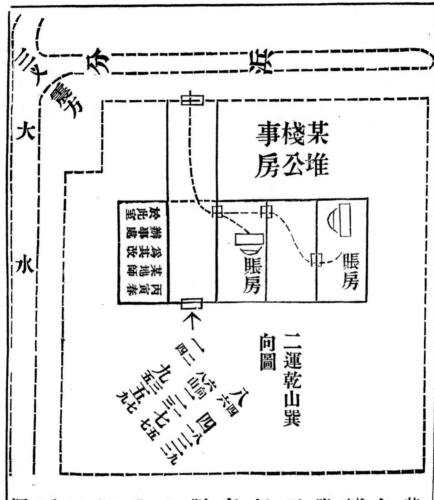

二運乾山巽向圖

某棧堆公事房

賬房　　賬房

此事為某丙地產堆棧辦事處

大水

某堆棧公事房乾山巽向二運建築。二運入宅開業。三運未換主·宅內人跡未斷·三運間生涯隆盛年有盈餘。按元空五行向首雖承二黑衰氣。惟外戶吸到震宮最有力之三叉旺水內室賬房辦事處門路在震方引進三碧旺氣宜其發祥於三碧運矣。交四運三碧衰退甲子乙丑以來連年虧耗。乙丑後立秋立生命案·致口舌破財·統觀全局四運無發展希望丙寅國民

年十
五仲春某地師爲其改辦事室於左屋。雖能吸引離兌二宮六八吉氣。然宅外衰水環
繞小吉敵衆凶何異螳臂當車余囑主人仍移辦事室於原處將公事房屋頂改造則八
方星辰更換衰死之氣一變而生旺全收四運希望由此更勝三運也。

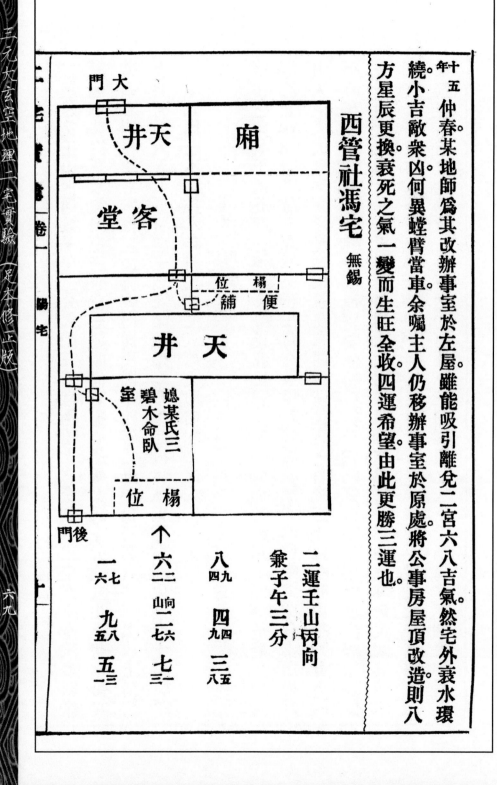

西管社馮宅 無錫

二運壬山丙向

兼子午三分

門後

一六　七八　九五　五三
六二　山向　二七　七三
八四　九三　四一　三八

二運建築壬山丙向兼子午三分。大門在巽宮。適值七六交劍煞二運迄今全家多剝雜。
財運不甚得意。幸後門得三碧。在三運間尚有慰心處。媳某氏上元戊戌生三碧木命其
臥室私門在巽宮。所得星辰與大門同民國十四年乙丑年白三碧入中二黑凶土到巽。
九月月白六入中五黃惡土到巽。某媳患傷寒重症。後移臥前進右間便舖交十月始愈。
按七六屬金不利於木年月又到二五惡土助虐木命之人宜其重病矣。

上海山海關路榮宅

亥山巳向兼壬丙五度三運建築榮氏在民國十年辛酉三運向某姓購下。即於是歲修理入
宅乙丑民國十四年以前主人臥室在左間乙丑年起移居右間大門常年緊閉日常由後戶
出入主人夫婦均食洋煙煙榻設在右間臥室後背一日夜二十四小時內平均有十四
小時在煙室。在煙室聚會親朋往來。皆是故煙室關係獨重後戶爲總氣口在全宅之坎方煙室承氣
層層由坎方引入元空五行巳向排龍兌七破軍到坎兌爲金爲少陰其形尖銳其味辛
辣故入宅後陰人掌權。憑其妾之言行施。主人一切作爲。全其接物待人。無非辛辣手段更受許多陰人之
累虧耗甚重且兌爲秋旺於下元初運於今三四運遇之旺氣受制自多不利更加巽離

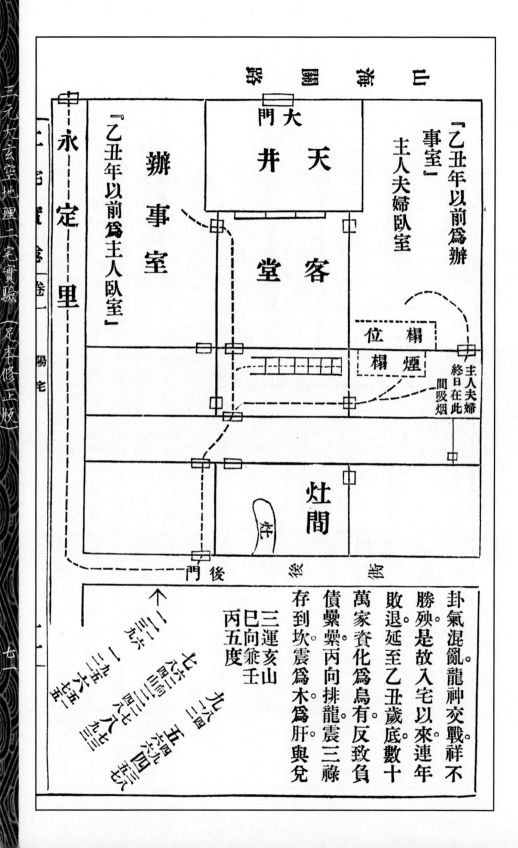

山 淅 關 路
大 門
天 井
客 堂
辦事室
永 定 里
「乙丑年以前爲主人臥室」
主人夫婦臥室
「乙丑年以前爲辦事室」
榻煙 榻位
主人夫婦終日在此間吸烟
灶間
後門 御後

卦氣混亂。龍神交戰祥不
勝殀是故入宅以來連年
敗退延至乙丑歲底數十
萬家資化爲烏有反致負
債纍纍丙向排龍震三祿
存到坎震爲木爲肝與兌

三運亥山
巳向兼壬
丙五度

會合受金尅而木壞肝傷肝疾不免。主人夫婦入宅以來。常患肝氣痛病。然在三運震木當旺猶可與破軍一敵。交四運甲〔民國十三年〕震三失運剝雜更甚。本歲丙寅流年二黑入中。七赤破軍臨坎自二月起。主人肝病加重。延至五月而歿。六月女主又病歿。竟至烟消火滅破產告終。七月西樓查姓房客又喪少年一人。是皆由於總氣口破軍疊臨使然。

戊門向震。生扶五黃。火士亦主多病不利。破軍之關係人事如此。可不畏哉。

主人上元乙亥生。主婦上元甲戌生。頭灶

無錫西倉橋協興順魚行

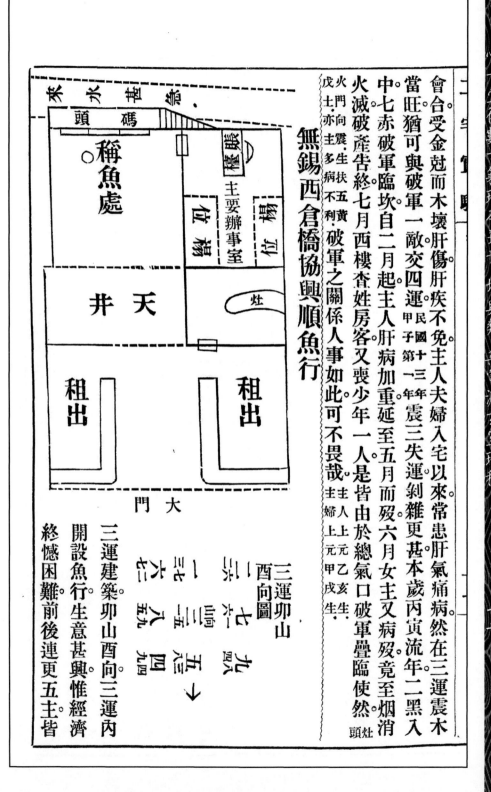

來　水　車

頭　碼　裏

稱魚處　○

主要辦事室

位梯

灶

樓刊

天井

租出

租出

大門

三運卯山酉向圖

三運建築卯山酉向。三運內開設魚行生意甚與。惟經濟終憾困難。前後連更五主皆

負債纍纍失敗而去。按向首雖得祿存旺氣。無如坐山水裏七赤凶金尅制。故經濟常覺
不能週轉艮宮由西門吊橋衝來急流遇二黑衰星所在主要辦事處吸足衰死之氣。向
首一吉不敵衆凶是故連戰連敗又坐山水裏七三金木相尅。故前後五主皆患肝氣痛
症。

石塘灣潘宅　無錫

二運建築丁癸兼午子山向宅命屬火來路在艮宮得元空五行向星巽木為離宅恩星。
向首得巨門旺氣二黑運內財運大
佳交三運退財主房在樓上房門在
乾方。值六七會合所謂交劍煞也。不
利小口生四男二女祇存一女均是
臌脹夭折又有墮胎數起。

天井

客堂

廁

灶

大門

廚

卷二　陽宅

樓上承氣圖

天井

主人臥室

榻位

中

二運
子山午向
癸山丁向兼
圖

八三　一　四五
三七　八六
六三　一　二六　七二
　　　山向　↓
一五　八　九四　五九

上海福新第三麵粉廠三樓臥室承氣

公事房乾山巽向三運建築未開業至四運丙寅年（民國十五年）換主大修理。四月入宅應照四運推算照隨間論間排來離方臥室（指圖中所繪凶房）。出入氣口在坎宮是方佈着元空五行向星七赤破軍扶梯引氣復從乾方二黑病符上來助桀爲虐丙寅流年二黑入中又逢七赤到坎（氣口最凶·流年七赤到）。六月六入中七到乾宮扶梯間來氣之方二黑病符到坎宮氣口。是室所居五人相繼患病者四人以右面二榻爲最凶左面前一榻獨免以其地位偏在一隅惡氣未吸到也。

馬山許宅 武進

江志伊等驗一　陽宅

此間公共出入

卧室

房凶

樓梯間

楊位

四運乾山巽
向圖

一六　六七　五三
八九　山向　四二
二四　四五　九二
三四　五三　九七
　　　一五　七八
　　　二二　八九

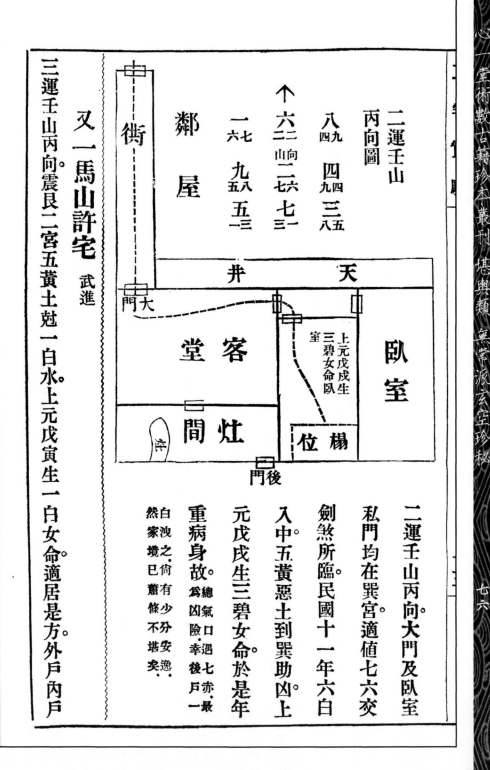

二運壬山
丙向圖

↑
六二
山二六
向

八九　四九　一六
四　　四　　九
九三　七　　五
三八　二一　三

鄰屋

街

井　天

大門

客堂

灶間

榻位

臥室

上元戊戌生
三碧女命臥
室

後門

二運壬山丙向。大門及臥室
私門均在巽宮適值七六交
劍煞所臨民國十一年六白
入中五黃惡土到巽助凶上
元戊戌生三碧女命於是年
重病身故。總氣口遇七赤。最
凶險。幸後戶一
白洩之。倘有少分安逸：
然家境已蕭條不堪矣。

又一馬山許宅　武進
三運壬山丙向震艮二宮五黃土尅一白水。上元戊寅生一白女命適居是方外戶內戶

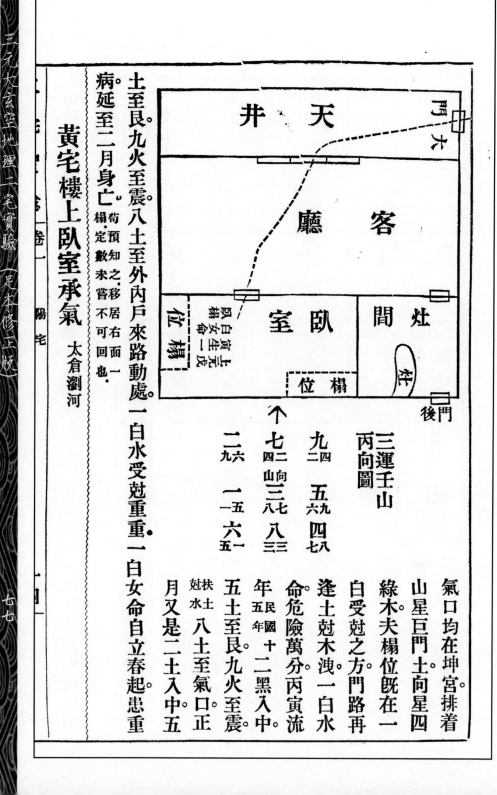

三運壬山丙向圖

（三運壬山丙向飛星圖，每宮山星／向星）

```
二四   四二   九六
一五   八七   六九
二一   三三   七八
        ↑
       向　山
```

黃宅樓上臥室承氣　太倉瀏河

氣口均在坤宮排着。山星巨門土、向星四綠木，夫榻位既在一白受尅之方，門路再逢土尅木，洩一白水，命危險萬分。丙寅流年（民國十五年）二黑入中，五土至艮，九火至震，扶土（尅水）八土至氣口。正月又是二土入中，五土至艮，九火至震，八土至外。內戶來路動處，一白水受尅重重。一白女命自立春起患重病，延至二月身亡。苟預知之，移居右面一榻，定數未嘗不可回也。

巽山乾向。一運建造二運換主大修築入宅主房私門在兌宮總氣口在離宮由樓梯引

黃宅樓上臥室承氣圖

二運巽山乾
向圖

入。經過坤宮而入私門。
元空五行向星八土在
樓梯引氣之離方六金
在過氣之坤方一水在

私門入氣之兌方八六一既係三吉復爲重重生入元空秘旨云位位生來連添喜氣是故臥此室者名利全佳被選爲邑中董事小輩臥室私門在坎宮破軍七赤上住此室者病魔經擾剝雜不安最近事實如丙寅民國十五年流年二黑入中七赤到坎六月六白入中二黑到坎住此室者重病頗危現已改闢震門吸取五黃生氣將坎門封閉藉以趨吉避凶

滬南倒川衙四號張宅　上海

壬山丙向三運建築向首

飛着二黑衰退之星重陽向宅星專指向·斯向於三運不宜而張君遷入後事事順利步步成功名利均佳蓋向首雖背時而其門路處處得宜如大門與樓上臥室私門吸到六白吉氣與宅

樓下引氣圖

會客室

天井　客堂　天井

命金水相生。此爲一
吉後戶在乾方引入。
八白吉氣。後戶出時常由平時常由
連同三碧旺氣直上
樓梯此爲二吉樓上
總氣口在艮方引入
一白吉氣此爲三吉
一六八本稱三吉更
加三碧旺氣配在門
路動處自然名利全佳矣。

樓上承氣圖

天井

主人臥室

榻位

三運壬山
丙向圖

↑
向
山

九四　二　七二四二
五九　　　四三八七
六　　　　八三
二九　一五　六五
二六　一五　六一
　　　　　　五

何宅出寡婦者　揚中何家巷

九運甲山庚向。揚中未遭紅羊兵刼。該宅自九運遷入迄今。未斷人跡故照九運排算。三運中住居左房者事事順利。因大
門私門在艮方引入一白吉氣也。右房大門私門在坤方五黃上民國十二年癸亥五入

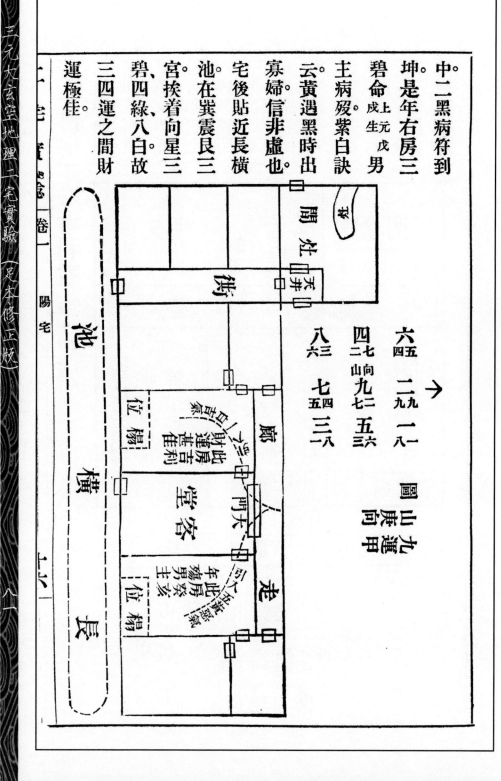

中。二黑病符到
坤是年右房三
碧命
主病殁紫白訣
云黃遇黑時出
寡婦信非虛也。
宅後貼近長橫
池在巽震艮三
宮挨着向星三
碧四綠八白故
三四運之間財
運極佳

上元戊
成生
男

六四
五　二九　一八　　圖山九運
四七
二　山向　九七　五六　庚甲
八三
六　七　五四　三八

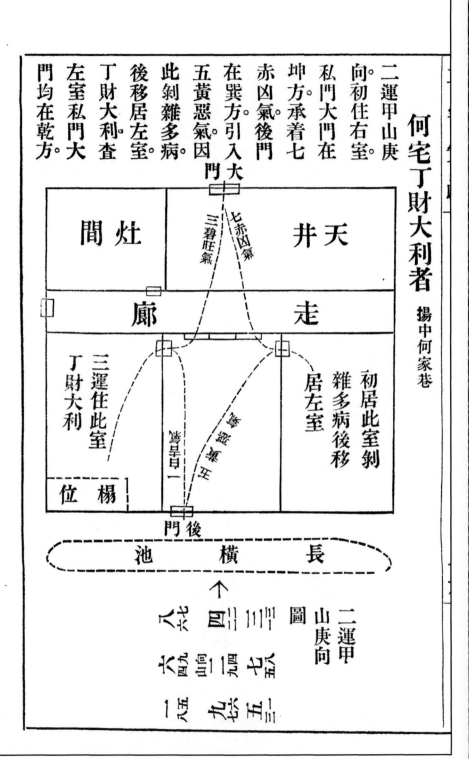

何宅丁財大利者　揚中何家巷

二運甲山庚
向。初住右室
私門大門在
坤方。承着七
赤凶氣後門
在巽方。引入大
五黃惡氣因
此剋雜多病。
後移居左室
丁財大利查
左室私門大
門均在乾方。

間灶　　井天

廊　　走

三碧旺氣　七赤凶氣

丁財大利　三運住此室

初居此室剋
雜多病後移
居左室

位榻

門後

長橫池

二運甲
山庚向
圖

三運間引入三碧旺氣是應丁財並佳更加艮方後戶一白助吉自然百事順利矣。

何宅損小口者

揚中何家巷

一運甲山庚向宅後貼近池塘。佈着向星一白、二黑、六白總門來路在乾方佈着四綠自一運迄今財運一路順利左室主房私門及外門來路全在乾宮是方向星四綠與

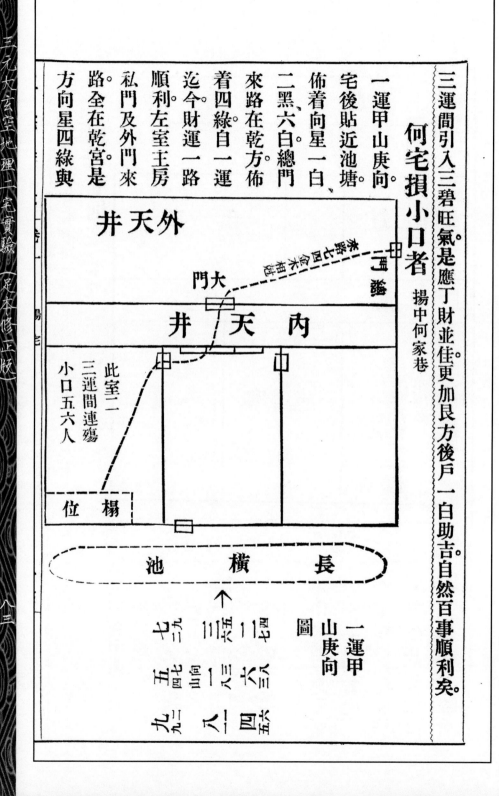

井天外

門大

井天內

此室二
三運間連殤
小口五六人

位榻

長　橫　池

一運甲山庚向圖

山星七赤會合金木相剋。二三運間連殤小口五六人。

何家巷何宅　揚中

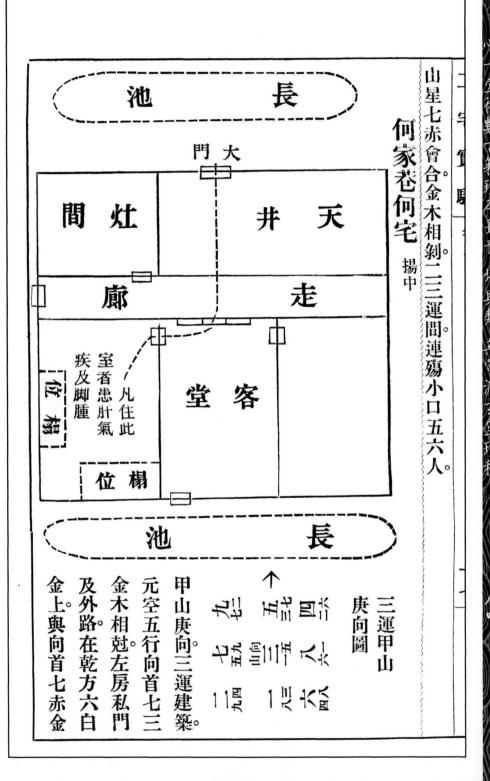

池　　　長

大門

灶間　　　天井

廊　　　　走

客堂

凡住此室者患肝氣疾及脚腫

榻位

榻位

池　　　長

三運甲山庚向圖

甲山庚向。三運建築。

元空五行向首七三金木相剋。左房私門及外路在乾方六白金上。與向首七赤金

同尅宅命震木。坐東朝西之屋，爲震宅，屬木命。按木爲肝爲足，故住在左室者均患肝氣痛及足腫病。

小南門王家嘴角鄭寓樓上承氣　上海

四運丙寅四月遷入
白土命臥室
上元己亥生八

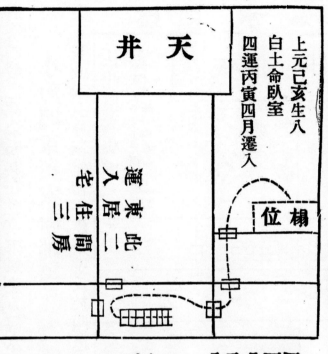

天井

位楊

此運入居二宅住間三房　東

運入居二宅住間三房

四運
酉卯
彙辛
乙三
分

三五　八六　一　酉山卯向彙辛
山向　四　二九　乙三分三運建
七三　九　六四　築鄭氏於四運
九五　五七　丙寅四月遷入

住居樓上右間扶梯門路均在乾方是方
值元空五行兌震金木相尅木爲肝受金
尅主有肝疾是年六七兩月間上元己亥
生二黑土命男主大發肝氣症至八月始愈按
丙寅流年二入中三至乾六月七月六五
入中七六剛金到乾震木愈遭磨折遂有

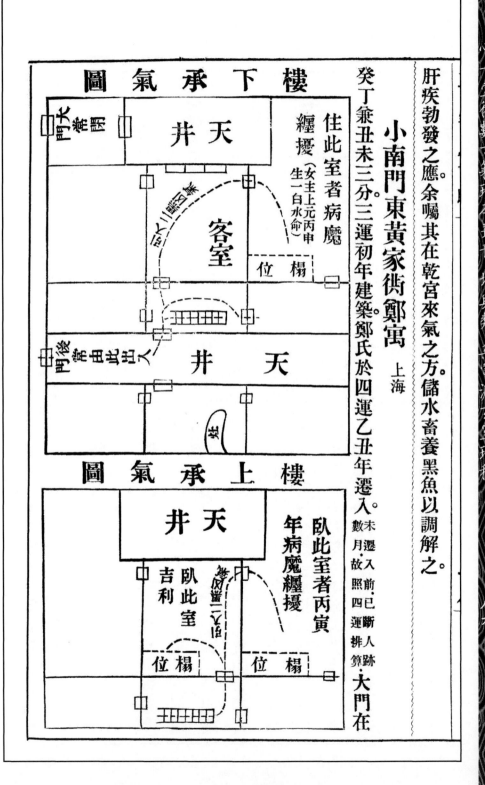

肝疾勃發之應。余囑其在乾宮來氣之方。儲水畜養黑魚以調解之。

小南門東黃家衖鄭寓　上海

癸丁兼丑未三分。三運初年建築鄭氏於四運乙丑年遷入。未遷入前。已斷人跡。故照四運排算。大門在

樓下承氣圖

天井

客室

住此室者病魔纏擾（女主上元丙申生一白水命）

榻位

大門香在前

集二回氣

後門常由此出入

天井

姓

樓上承氣圖

天井

卧此室者丙寅年病魔纏擾

卧此室吉利

集二凶氣

榻位

榻位

宅實　卷一　陽宅

四運癸丁兼
丑未三分

三一　　二　　七
一三　六七一
　　　二　二六　七
　　　　　六二
↑八　五三　向四八
　五　山四九　九
　　　　　八

巽宮後戶在艮宮。大門終歲緊閉。常由後戶出入元空五行後戶挨

着向星二黑二爲土尅制宅命又爲病符主腹疾多病。及女丁欠寧。

久則幷有水虧等症。是故全家剝雜多病。右間上下臥室氣口在巽

宮排到七赤凶金。更承艮氣黑土生之。益肆其焰。今歲丙寅二黑入

中復逢黃土至艮助虐。是故此二室病魔纏擾輪流不已。

宮・爲老母臥室・
丙寅年未染病・

樓上中間・
氣口在乾

無錫三平罐頭素食廠 在稍塘橋

乾山巽向甲子 民國十三年 四運初交 春間建築。夏間開工製造罐頭素食。未及三月而失敗。乙丑

春間集資再舉又失利。連年虧耗考其原因。雖由於主事者缺乏經驗。然

於地理上亦有深理在焉。按乾巽山向。於四運最爲當旺。其大門適值四綠令星便門得

五黃生氣主要辦事室吸足生旺二氣。應主百事並佳。而反疊遭挫折。騍觀之使研究地

理者幾疑術之不驗。查其向首距離里許有蒼山橫臥若屏。巽上尖峰聳峙。是宅在田
野中・四週

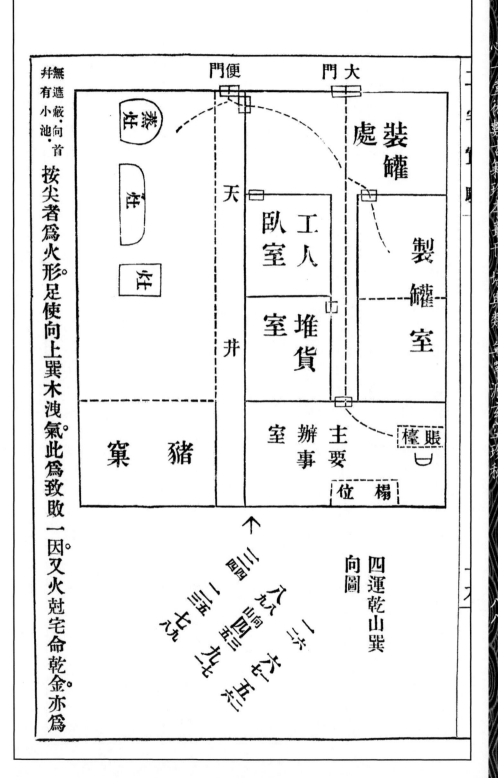

四運乾山巽向圖

無遮蔽。向首

幷有小池。

按尖者爲火形。足使向上巽木洩氣。此爲致敗一因。又火尅宅命乾金。亦爲

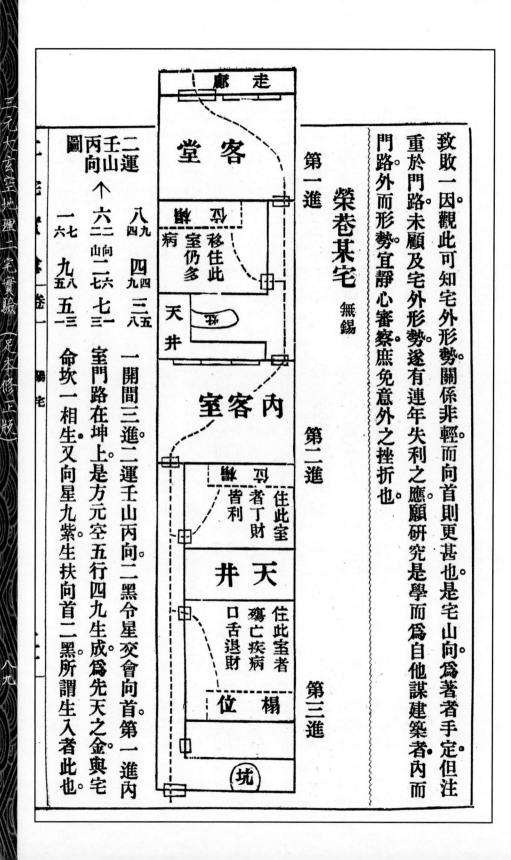

致敗一因。觀此可知宅外形勢關係非輕。而向首則更甚也。是宅山向為著者手定。但注重於門路未顧及宅外形勢。遂有連年失利之應。顧研究是學而為自他謀建築者內而門路外而形勢宜靜心審察。庶免意外之挫折也。

榮巷某宅　無錫

第一進

第二進

第三進

走廊

客堂

病臥　室仍多　移住此

天井

內客室

住此室者丁財皆利

天井

住此室者瘟亡疾病口舌退財

榻位

坑

二運
壬山
丙向
圖

八九　四　二
四九　　　六二　山向　二六　五八
三八　五　七三　一三

一開間三進。二運壬山丙向二黑令星交會向首第一進內室門路在坤上是方元空五行四九生成為先天之金與宅命坎一相生又向星九紫生扶向首二黑所謂生入者此也。

因此二黑運中財運頗佳第二進臥室私門在艮方。排到向星三碧更與山星一白會合。水木相生二三運間居此室者連舉四男進益甚佳。（因三碧在二運為生。三運碧為旺氣之故。生元七赤初運。當運。又三入）第三進臥室私門在巽方逢七六交會七六為兌乾剛金為交劍煞氣口得此最為不利。運則利失則凶。二運間此室出躁夫三運癸丑（民國二年）一白入中九紫到巽氣口火金相尅是年發生重要口舌。擾以目疾為尤多。戊午年（民國七年）一白入中九紫到巽氣口改為長孫新房口舌不絕經商不利病魔纏擾中二至巽臥此室之女主（男主上元乙未生。男主上元乙未命。生六白金命）吞金圖自盡發覺得救。男主經商大失利。并於是年冬季起發生陰虧症延至己未五月而亡。（年祇二十五歲）殀後其妻子仍居是室疾病不已。庚申（民國九年）年八白入中。七赤凶金到巽其子上元乙卯生四綠木命大病幾殆。（因氣口剛金重疊故大不利木命之人）此後如辛酉、壬戌甲子乙丑等年母子三人輪流患病。（以五二惡土到年為最）不得已於乙丑年（民國十四年第二年）移居第一進臥室其氣口在乾方佈着向星廉貞惡土。（廉貞即五黄。為五運之旺氣。四運之旺氣。四運之尚無益也。）上元乙未生九紫命女主仍疾病纏綿遷出乃已。（按第三進臥房。若關閉巽方之門。另自在按第三進新門。承接三碧木氣凶禍自在）然矣。又今歲丙寅（民國十五年）十白二黑入中五黄到艮第二進臥室氣口適在艮方。十月月白復逢二黑入中五黄到艮臥此室者（母老）重病幾殆觀乎此宅可知臥室氣口一星關係

獨重一室休咎。全憑此點判決。而流年之助凶助吉。更爲緊要世之疾病纏綿者當於此

處深加研究也。

小楊巷楊洪根宅　無錫楊墅園

雙開間二進子午兼壬丙三分二運初年建築出入總氣口在全宅之巽方。排着向星五

大門

此門關
閉不進

出

天井

天井　井

此房凶禍
最烈

房　　房

走街

樓位　　樓位

此街常年不走動

秘

後門

二運子山午
向圖

八三　四八　六一
五八　三六　一五
　　　七二

一八　六三　一向　二六
　　　山二
九四　九五　五九
　　　　　　四

黃爲坎宅仇星在二三運間爲死氣凶惡萬分入宅後十年內連殤老幼十二人。

北一房凶禍最烈因其私門在巽方引入重重黃氣現此房洪根老母居住。

未生　上元辛　終歲
皆癆症　西

病魔纏擾。筋骨疼痛症。民國十四年乙丑三入中二黑至巽宮總氣口是年六月。洪根急病亡

於滬上旅次。洪根上元丙申生·五黃·土·命·其臥室是東北一房。紫白訣所謂黃遇黑時出寡婦者此也觀乎此宅。

可證實背時之五黃動必爲殃矣。

申新第五紗廠退財口舌之宿因及補救方法 上海華德路

該廠三運建設四運換主重新開張應作四運推算全廠主要房屋均係丙向廠外河流環繞以坤乾二方水最活動最有力是故該二方關係獨重坤上挨着二黑死氣乾方佈着七赤破軍主退財口舌 此為退財口舌之第一大原因·補救非之易·丁卯流年 民國十七赤到坤二黑到乾正 所謂死衰處愈動愈凶也故春間即有大口舌發生茲將逐一分說於後藉供研究。

退財口舌之宿因

（一）北廠 門路均在坤方流年破軍上全廠總門在其乾方向星七赤上此廠凶氣冲射最烈故口舌較他部獨重。

（二）水亭 高聳於廠房之中央丁卯二月七赤入中宮。故大口舌在二月內發生。

（三）修機間 門路在乾方七上更有水亭高聳乾宮故工人閙事主腦全由該處會議。

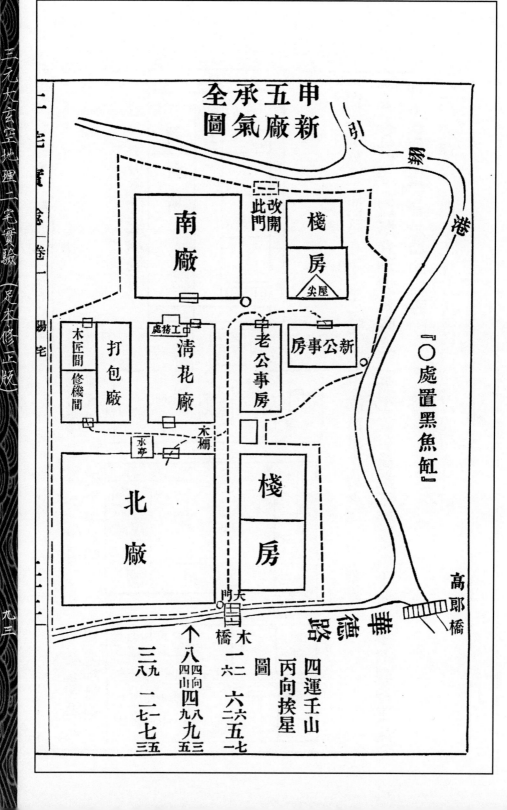

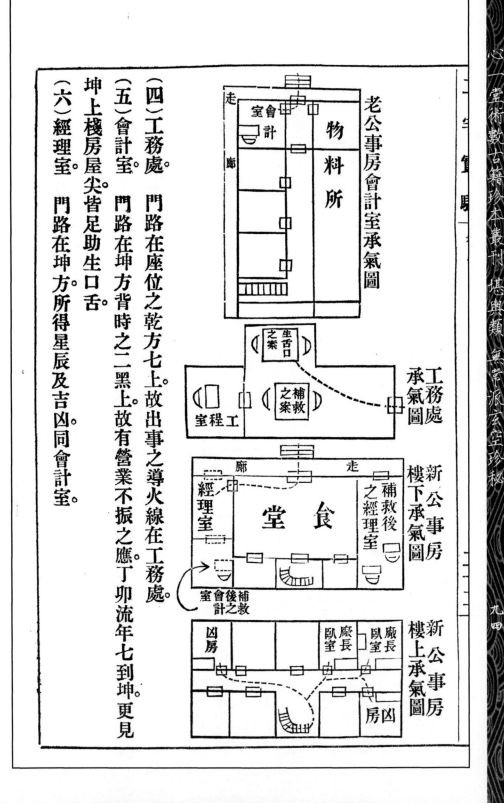

老公事房會計室承氣圖

物料所

會計室

走廊

工務處承氣圖

生舌口之案

補救之案

工程室

新公事房樓下承氣圖

走廊

食堂

經理室

補救後之經理室

補救後會計室

新公事房樓上承氣圖

凶房

廠長臥室

廠長臥室

凶房

（四）工務處。　門路在座位之乾方七上故出事之導火線在工務處。

（五）會計室。　門路在坤方背時之二黑上故有營業不振之應丁卯流年七到坤更見坤上棧房屋尖皆足助生口舌

（六）經理室。　門路在坤方所得星辰及吉凶同會計室。

（七）新公事房。 向對棧房屋尖尖者屬火向首得四綠當令之巽木逢火則燃洩所謂

生出是也應主退財。

（八）新公事房樓上之凶室。 一在東南隅其門路在乾方七上。一在西北隅門路在巽

方九紫死氣上北窗見高郎橋橋洞作開口狀適在乾宮七上其床位壬向七到氣口故

該二室受禍獨重

補救方法

（一）在新公事房之乾方及北廠之乾方各置一大水缸蓄養黑魚以洩乾宮破軍凶氣。

「因破軍為金星黑魚屬水星此法尤師曾用以破縣署盜案甚靈驗」

（二）棧房屋尖釘一塊橫板如 凶 式板之上端宜微曲如水浪形板上漆黑色因形曲

與色黑均屬水與新公事房向上四綠巽木相生可以化凶為吉「白屬金黑屬水或漆

白黑相間之曲紋取金水相生意」

（三）經理室移於新公事房之西邊一間開離門辦公案用丙向藉吸當元旺氣案位宜

靠近北首牆壁則引氣進深吸氣充足效驗易見又是室向首有三四里之特潮適逢旺

氣所在大吉又棧房西邊之牆壁適對門上有當令之界風吹來更吉。

（四）會計室將坤門關閉不用改闢離門。惟地位嫌小旺氣吸不足宜將北鄰一間改為
會計室將兩間中之腰牆在正中闢一新門完全由離方出入賬檯置內間用丙向座位
靠坎壁對正氣口如此吸足旺氣營業定卜蒸蒸日上若移於新公事房東邊一間亦宜
關離門並將腰牆正中開闢一門賬檯置內間用丙向座位亦靠坎壁

（五）工務處辦公案用庚向前對入口處之庚門後坐工程室之甲門吸收前後一六連
珠吉氣並案向旺氣與座後八白吉氣。

（六）廠長臥室宜在新公事房二樓西南隅二室因該二室門路扶梯均在艮宮五黃生
氣上惟為時尚早逢流年二五七到時不免疾病纏綿故宜用銅響鈴一個白銅錢六個
串在一起掛於房門上面藉以洩土氣壯宅命否則已巳年即有多病之應此二室交甲
戌後應大利三十年。

（七）修機間將原有乾門關閉不用改由離方木匠間出入。

（八）將北廠坤方之木柵關閉改從離巽方路出入。

（九）將原有坎方總門關閉不用另在老公事房南面開關新門用丙向藉吸離方當元旺氣幷避去工廠乾方破軍赤氣門宜漆黑惟改門後工廠之總氣口已在坤方是本歲年白破軍所在宜在南廠之西北角上置黑魚缸一只以解之至明春撤去又本年八月及十月或有小口舌發生但八月巳有魚缸解之是非可免十月則破軍入中宜用小缸養黑魚置水亭上解之

丁卯年

如上補救後明年戊辰九紫入中一白到乾四綠到向五黃到坎六白到坤衆吉全在活動之方是年當大有轉機事事順利也。

滬南潘調卿先生發宅

一運癸山丁向向得一白重疊一白即坎爲貪狼上元之主宰坎宅之旺神用之最吉樓上主人臥室其房門在巽方得六白吉星與向首金水相生扣合從外生入之妙又合天地生成之數樓梯在乾方其來氣由乾而坎而艮而震而巽所得星辰爲四九二七六重重生入巧妙巳極大門在坤方得八白吉星終歲關閉恆從後戶出進後戶在乾方得四綠巽木入宅後一路順利至三運下十年財運大旺蓋後戶與樓上氣口四綠生氣得力

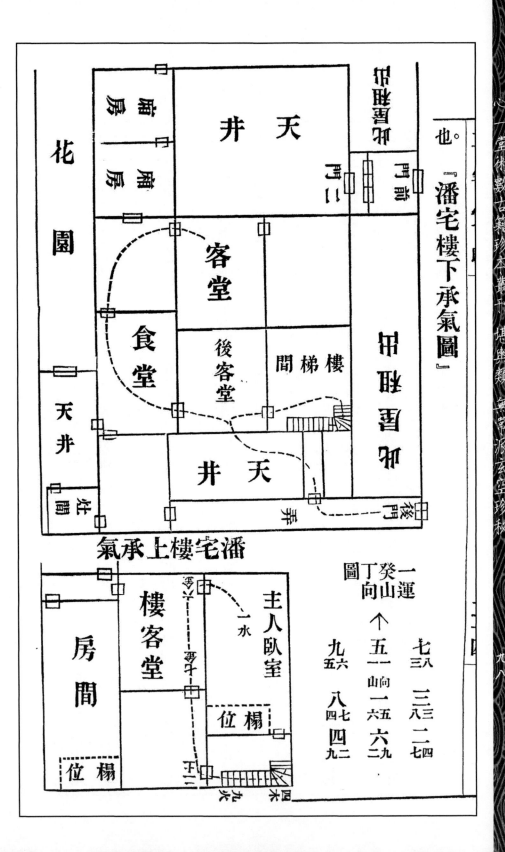

「潘宅樓下承氣圖」也。

潘宅樓上承氣圖

第二章　尅丁之墓

梁溪懺悔學人著
同邑無相行人校

榮巷某君父塋　無錫橫山東麓

一運。酉卯兼庚甲山向坐靠橫山。大龍身由坎入離。酉戌山峯挨着山星一白二黑。故某

君二黑運間連舉四男人丁興旺。凡山龍·山星生旺之星·到山峯高處主旺人丁。長子某上元甲申八年光緒廿二年生。

八白土命丙午湖水動處適向星三碧木尅山星八白土。凡向星尅山星·烈。山星尅向星則無碍甚丙辰年

民國六年三入中七赤剛金到離金尅木木尅土長子某於是年不幸病殁經云重重尅入

立見死亡信非虛也。若相尅之方靜而不動則無妨巽宮七四九二會合遇暗水屋脊經云陰人滿地成

塋紅粉場中快活無心道人解曰四、七、九、二爲陰神若諸星重疊於水口三义或值門方

向首主男女貪淫長媳某氏淫奔不節蓋在乎此離湖佈着向星三碧四綠三運中生旺

離湖三碧
木克八白
土致殤八
白土命之
人。

淫邪在巽
池七四九
二陰神會
聚。

齊收主財祿興旺。山管人丁。向管財祿。凡向
　　　　　　　　　盤生旺之星。挨在水裏。主向
發．惜巽上暗水七九死氣爲患故小輩經
祿．
財．
商滬埠大有外間聲譽好實際感不足之概。

著者之祖塋　無錫崓嶼灣小山頭

三運艮山坤向兼丑未三分山上排龍九紫。
死氣到山主丁衰不振幸艮峯不高卯峯得
四綠生氣故三運末葉亦得連添數丁離宮
五里湖水圓明如鏡著者於民國七年戊午
添一男丁因是歲一白值年故是兒爲一白
水命不幸於來年己未三月十四日天殤查
離方動處適值山星一白水受尅於向星五
黃土已未年九紫入中四綠巽木到離三月三碧入中七赤兌金到離重重尅入死亡立

離湖五黃
土尅一白
水致殤一
白命小兒。

二宅實念一卷二　尅丁之墓

離山
巽巳丙午丁

九三　五八七　七一五
　　　四七　向三六九
　　　　　　八二四

二五　一四　二六
一四　二六　九
　　　壬　子　癸山

甲卯乙　艮寅丑（山）

見之說於此更可證實中宮九六火金相尅。
著者上元乙未生六白金命戊午流年一白
水入中四月五黃土入中土尅水水尅火火
尅金著者於是時患傷寒重症經月方愈幸
金墩不高否則凶禍難免兌宮酉上小池佈
着向星兌七剛金與向首震三碧木相剋木
為肝受乾兌金尅木壞肝傷肝疾應主肝疾著者
父母與兄嫂。嫂堂兄皆患肝氣痛症蓋在乎此。
向首遠見湖水汪洋向上排龍挨着三碧令
星應發福於三碧運中著者三運內經商滬
埠。進益尚佳惜兌池七赤離水五黃死氣為患進益雖佳破耗隨之無限好境界宛如曇
花一現南柯一夢迨甲子交中元四運碧氣衰退著者誤從族中某長老言辭去穩固職
業創辦榮氏義莊農場未及一載而收場此後遭遇都不稱意是亦數所使然歟統觀全

一〇一

中宮九六。
火金相尅。
致傷六白
命人。

局。可知墓地之關係人事幾無微不驗也。

張村徐姓墓 無錫

九三　　五八七　　四八

七五／一　山向　三六九／八二四

二一五／一二四／六九六

壬　子　癸

田隴三運艮山坤向兌宮來水。橫過坤離二宮。

午丁石橋丙上三义分浜一消離一消巽二墓地

距水甚遠登穴見坤離水亮抒後丁財兼優因

三碧令星交會向首水裏也。山龍生旺之山星要在山向星要在中

宮向星九紫火尅山星六白金坟墩堆做甚高。

水田隴則與山龍不同山向二盤生旺所謂依水爲龍也。省宜到水裏則丁財二旺。

主人上元丁丑生六白金命民國七年戊午年

白一白水入中水尅火火尅金重重尅入遂於

是年病亡。

附註 凡逢中宮向星尅山星之墓坟墩宜低其祸可以減輕或竟幸免。

一〇二

三元大玄空地理二宅實驗（足本修正版）
二宅實驗　卷二　趙丁之墓
一〇三
三

大瀆鳥吉元祖坟　無錫

回祿血症。
殤女丁皆
在艮水九
七同宮

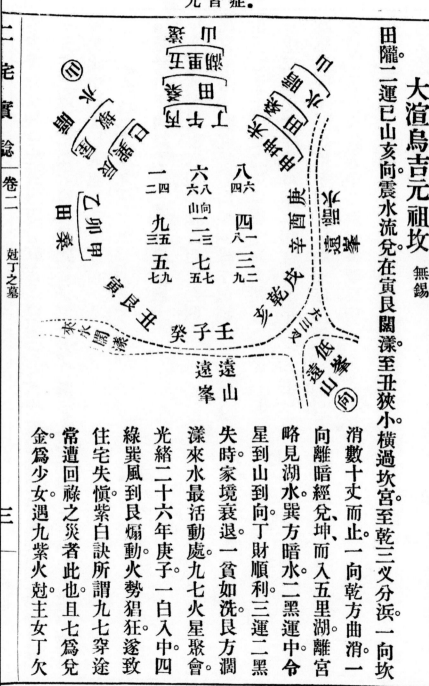

田隴。二運巳山亥向震水流兌在寅艮闊漾至丑狹小橫過坎宮至乾三叉分浜一向坎

消數十丈而止。一向乾方曲消一
向離暗經兌坤，而入五里湖。離宮
略見湖水巽方暗水二黑運中令
星到山到向丁財順利三運二黑
失時家境衰退。一貧如洗艮方潤
漾來水最活動處九七火星聚會
光緒二十六年庚子一白入中四
綠巽風到艮煽動火勢猖獗遂致
住宅失慎紫白訣所謂九七穿途
常遭回祿之災者此也且七爲兌
金爲少女遇九紫火尅主女丁欠

寧少婦受殃幷血症癆病等災故吉元連生三女皆未成養其弟患血症而亡弟婦及姪

女亦在三運間相繼夭殤觀乎此篇益信坟墓之關係人事如響應聲欲免家室慘變者

當於此中深加研究也。

著者先父之塋　無錫西管社

田隴癸山丁向兼子午三分三運民國十

年辛酉秋間用事穴後有橫路自東至西。

艮宫來路冲動處排着向星四綠木尅制

山星二黑土著者之弟卓雲上元光緒己

亥生二黑土命扡後卓雲疾病叢生連年

纒綿民國十三年甲子四綠入中七赤剛

金到艮正月八白入中二黑病符至艮病

驟沉重風木失知覺卒至不起是亦重重

尅入之一也。

艮宫來路
四綠木尅
二黑土致
殤二黑命
人。

圖峯低個11

低峯圓峯

回　上　山

山三向三

九一　五一五　四六
七三　一三八　八二
二七　一六　六四

甲　申　未　丁　午　丙　巽　巳　庚　酉　辛　乾　戌　乙　卯　甲　寅　艮　丑　癸　子　壬

來　路

按著者六白金命．震宮九六火金相尅．靜而不動．乾路冲動．處山星九火尅向星六金著者無恙．此足證靜處相尅之不妨．及山星之不尅向星也．

徐家邊徐姓墓　無錫

田隴三運初年葬辛乙兼酉卯三分有乾
水經壬子癸至艮折向離在向首折震消
巽艮震水亮坎乾距水甚遠丙上有某佛
堂之屋尖扦後徐姓經營藥店業生涯頗
佳三運末葉尤爲發達蓋向星三碧旺神．
適在向首水裏也艮宮水裏七二交會應
主小口欠利且七爲兌尅制向首震木．
又向首震兌相剝震爲肝爲長子受尅於
兌金主其家應有從肝上發生之疾其禍
或獨重於長房民國二年癸丑太歲到艮．
年白六入中九紫到艮葬者長子驟然風

殤小口在
艮水七二
交會

遠處（三）

未坤申　丁午丙
庚酉辛
戌乾亥

九四　五　八
三
七六　三一　四九
山向　五三一　八五
二六　一七　六二

甲卯乙
巽巳辰
寅艮丑
癸子壬

河

乾坎二宮之水
壬距穴之水甚遠
子在宂甚遠
癸不見

二宅實驗

腫而亡。廢後原向附葬照穴

十一年壬戌年白又值六入中大房次孫即附葬照穴之次孫及二房長孫相繼

天折十四年乙丑太歲又到艮年白三入中六到艮大房長孫患喉症天折民國八年己未生。九紫火

命。乙丑十一月十八日亥時亡。是墓所殤長房之小

口。總計有七八人之多。因死亡年月失追考。故畧之。

方與震水聚會向兌合流橫過坤宮穴前距水二丈餘艮離二宮各距水四丈餘坤宮距

水六丈餘全局最緊要處厥惟艮宮曲水冲來處按艮宮六七剛金聚會紫白訣所謂交

劍煞也應主肺病咽喉病皮毛病痧痘症損小房傷小口及口舌官非等種種茲將其歷

年經過之事實詳載於後以資研究。

錢糧橋陳全錦父母塋　武進

田隴二運辛山乙向丑艮上石橋西的自東至丑艮寅方小浜屈曲冲來盤過震巽二宮在離

全錦兄弟五人全錦最長是墓扦後其弟四人相繼去世。損小房。於此已證實二弟全根瘡癩肺病

亡。皮毛病可證肺病三弟全林。上元丙子生光緒二年七赤金命民國六年丁巳二月初十傷寒症

亡。是年二黑入中廉貞惡土至艮助虐二月節氣尚在正月內二入中又逢廉貞到艮四弟全法。

上元辛巳生光緒七年二黑土命民國六年丁巳閏二月廿八肺病亡。又一肺病證實年白同上月白

二宅實驗　卷二　尅丁之墓

種種病危
與官非口
舌皆在艮
宮來水逢
七六交會
故.

癸丑為田產事涉訟一次。是年六入中九紫至艮。

（三）

來水　來水
丁辛向
坐乾戌
辛酉庚

八三　四七　三八
六五　八二　七四
山向二四九
一三　九二　五六
七

乙卯甲
寅艮丑
巽巳
丙午丁
癸子壬

石橋

九入中。已亥清明三到艮五弟全生上元乙酉生。（光緒一年）十七赤金命民國九年庚申六月廿二肺癆病亡。（又一肺病證實）是年八白入中巨門病土到艮六月六入中九火到艮助桀為虐又全林子上元甲辰生（光緒十年）六白金命光緒三十一年乙巳痧痘夭折。（症及痘傷小口）於此可證實。是年五入中八白土到艮。因另有天殤小口多人。年月無由追考。從署.

官非宣統三年辛亥全錦誤娶白鴿婦涉訟一次是年八入中二黑至艮又民國二年

口舌自打後迄今層出疊見最近如今歲三月。

因田產而發生口角爭執逾月。是年二入

細查不幸之事多在年白五二土星到艮之年蓋六七為金得土助而益肆其威也。向星

現在人丁三房有一子五房有二子均在三運內生育由於巽宮三碧令星得所也。

三碧在坤水惜橫過無情故財運不振。

南獨山周雙福父母堂

無錫

山落平地二運丑山未向巽宮有凹
風來路值九六火金相尅民國十二
年癸亥五黃入中四綠到巽二月一
白入中九紫到巽上元乙未生男六
白金命於是月得血症亡乾戌辛太
湖。乾宮七四金木相尅打後迄今疊
殤男女小口。 其生亡年月因無從追考從畧。兌宮六

殤六白金
命之人在
巽宮九六
相尅逢凹
風來路冲
動之故。
殤小口在
乾湖七四。

艮宮三义
九六相尅
致殤六白
命人

三相剝。曾殤三碧木命一人。其殤亡之年。失迫考從畧。

雪堰橋吳姓墓　武進

田隴坤山艮向三運末年用事一浜自北
而南直經艮震巽三宮一浜自東至橫
過艮坎乾三宮兩水在向首三义交會
坐山有屋脊民國十四年乙丑五月。（穴距約十丈）葬後未及三載吳姓住宅失愼盡燬於火六月次
子癆症吐血而亡。查坐山震木交會適遇
村莊屋脊形尖銳。尖者屬火木逢火而
燃燒乙丑年三入中九紫到坤木益燃而
火愈熾經所謂負棟入南離竛見廳堂再
煥者此也。五月一入中七到坤所謂火若
尅金尒化木數經回祿之災者此也且七爲先天火。原具化木之能又向首得九紫後天

（羅盤圖）

辰巽巳　丙午丁　未坤申　庚酉辛　戌乾亥　壬子癸　艮丑　甲卯乙

九三　　五七　　八七
　　　　八　　　四
七一　五山向三　六　八二　四
二五　　一四　　六九
二三　　一二　　六

來水　去水

火震坎乾河流活動之方挨着二七先天火。皆爲致火之因。有此諸因炎炎之火自然不

可免矣向首九六同宮原主血症并不利六白命宮之人次子上元乙未生適爲六白金

命宜其癆病血症亡矣 是年太歲到向六月震木到向皆有助凶之嫌

瘍女丁及
小口在艮
湖七四

馬山丁姓墓 武進

坤龍中腰落脈巽、離坤、兌高峯環抱形若圓椅。

癸丑艮太湖坤艮兼申寅山向一運末葉用事

元空五行向首七四金木相尅二運內殤男孩

二女孩一之葬者 三運內連殤兩婦孫媳之內一葬者

婦上元己亥生光緒廿五年四綠木命民國十一年

壬戌正月起因生產得病延至閏五月廿三日

歿查壬戌年六白入中九紫到向火尅金金尅

木正合重重尅入之應四綠木命自然難逃矣

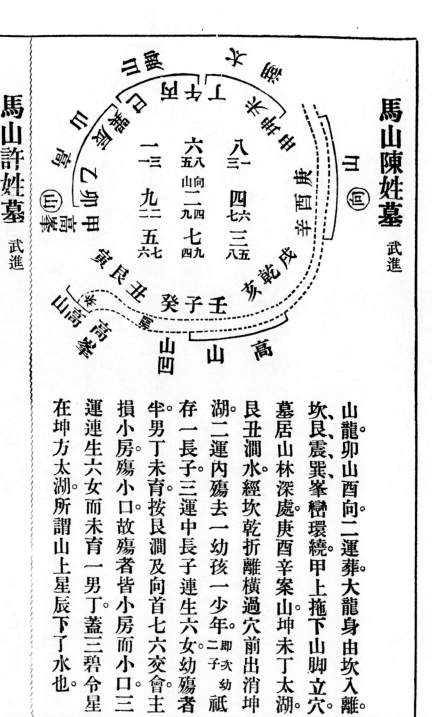

馬山陳姓墓　武進

八一　四六　三五
六五　山向二九　二九四七
一三　九二　五六

馬山許姓墓　武進

山龍卯山酉向。二運葬。大龍身由坎入離。
坎艮震巽峯巒環繞甲上拖下山脚立穴。
墓居山林深處庚酉辛案山坤未丁太湖。
艮丑澗水。經坎乾折離橫過穴前出消坤
湖。二運內殤去一幼孩一少年。即次幼祗二子幼
存一長子三運中長子連生六女幼殤者
半男丁未育按艮澗及向首七六交會主
損小房殤小口。故殤者皆小房而小口三
運連生六女而未育一男丁。蓋三碧令星
在坤方太湖所謂山上星辰下了水也。

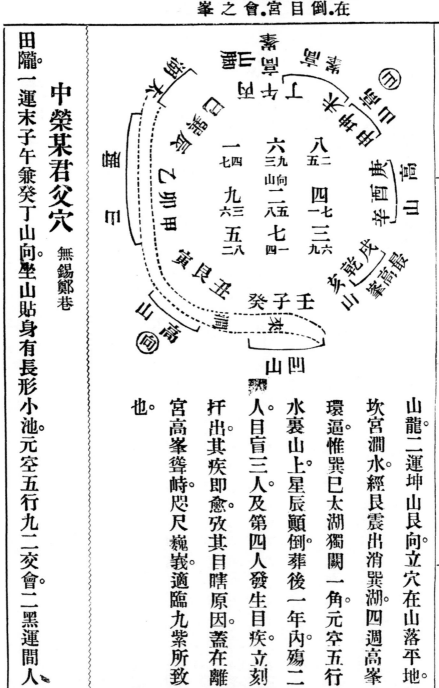

殤二人。在
星辰顛倒
目瞎與目
疾在離宮
九三交會。
逢逼近之
尖形高峯
使然。

山龍二運。坤山艮向立穴在山落平地。
坎宮澗水。經艮震出消巽湖。四週高峯
環逼。惟巽巳太湖獨關一角。元空五行
水裏山上星辰顛倒。葬後一年內殤二
人。目盲三人。及第四人發生目疾立刻
扦出其疾即愈。攷其目瞎原因。蓋在離
宮高峯聳峙眠尺巍巖適臨九紫所致
也。

中榮某君父穴　無錫鄭巷

田隴。一運末子午兼癸丁山向壁山貼身有長形小池。元空五行九二交會。二黑運間人

殤小口。在
兌池七四。在
好邪淫。在
九二七四
重叠坎艮
震水口。

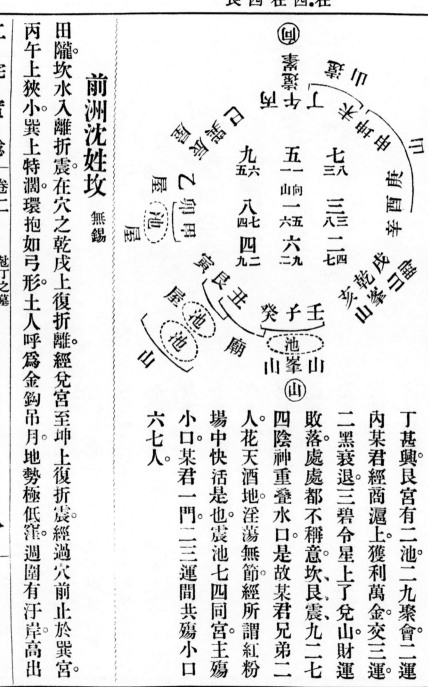

丁甚興艮宮有二池二九聚會二運
內某君經商滬上獲利萬金交三運
二黑衰退三碧令星上了兌山財運
敗落處處都不稱意坎、艮、震九二七
四陰神重叠水口是故某君兄弟二
人花天酒地淫蕩無節經所謂紅粉
場中快活是也震池七四同宮主殤
小口某君一門二三運間共殤小口
六七人。

前洲沈姓坟 無錫

田隴坎水入離折震在穴之乾戌上復折離。經兌宮至坤上復折震經過穴前止於巽宮。
丙午上狹小巽上特潤環抱如弓形土人呼為金鈎吊月地勢極低窪週圍有汙岸高出

殤女丁與墮胎在乾。水五八交會。

穴地二尺餘。巽宮鄰近有某姓大坟。樹木繁盛。巽水被遮二運丁亥用事壬山丙向兼子

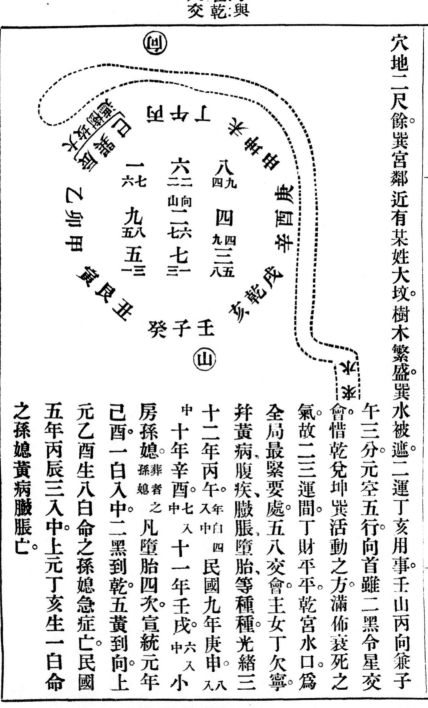

午三分元空五行向首雖二黑令星交會惜乾兌坤巽活動之方滿佈衰死之氣故二三運間丁財平平乾宮水口為全局最緊要處五八交會主女丁欠寧。幷黃病腹疾臌脹墮胎等種種光緒三十二年丙午。民國九年庚申入八（年白四入中）十年辛酉（中七入）十一年壬戌（中六入小）房孫媳。（葬者之孫媳）凡墮胎四次。宣統元年己酉一白入中二黑到乾五黃到向上元乙酉生八白命之孫媳急症亡民國五年丙辰三入中上元丁亥生一白命之孫媳黃病臌脹亡。

艮水九六
火金相尅
致瘍六白
金命之人。
震水巽木
尅坤土致
婦．生欺姑之

宗家橋談氏墓 武進

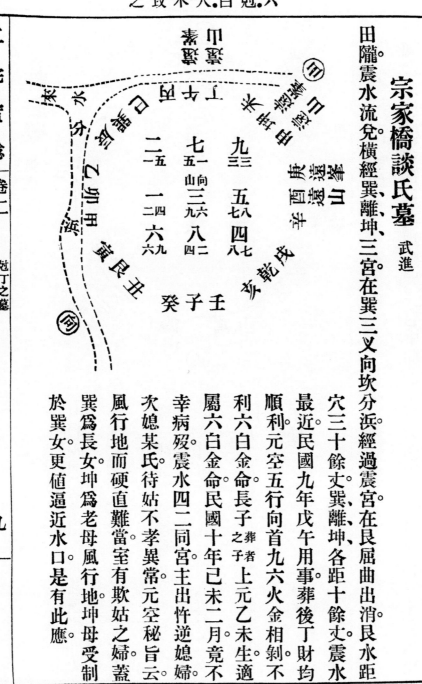

田隴震水流兌橫經巽離坤、三宮在巽三義向坎分浜經過震宮。在艮屈曲出消艮水距

穴三十餘丈巽、離坤各距十餘丈震水

最近民國九年戊午用事葬後丁財均

順利元空五行向首九六火金相尅不

利六白金命長子葬者上元乙未生適

屬六白金命民國十年己未二月竟不

幸病殁震水四二同宮主出忤逆媳婦

次媳某氏待姑不孝異常元空秘旨云

風行地而硬直難當室有欺姑之婦蓋

巽爲長女坤爲老母風行地坤母受制

於巽女更值逼近水口是有此應。

殤小口．
兌池七四在
相剋．

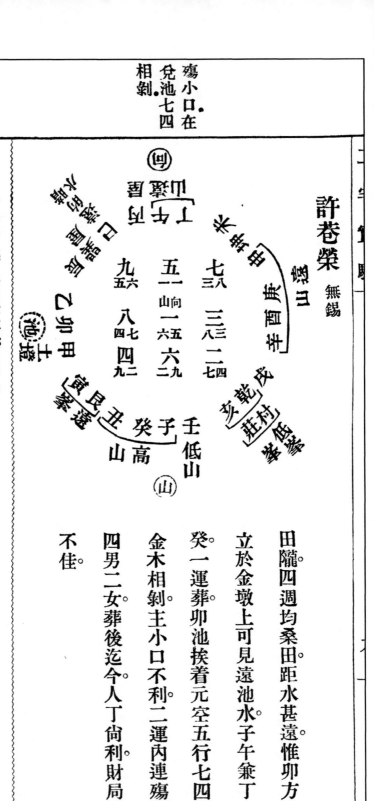

許巷榮 無錫

石塘灣俞姓墓 無錫

辛酉庚　亥乾戌　莊村　筆峯低　氺思峯圓

卯山　酉向　山向

回

七八　三三　二四
五一　一六　六二
九五六　八七四　四四九

壬低山　子高　癸　寅艮丑　巽辰　池塘

田隴。四週均桑田距水甚遠惟卯方
立於金墩上可見遠池水子午兼丁
癸。一運葬卯池挨着元空五行七四
金木相剋主小口不利二運內連殤
四男二女葬後迄今人丁尚利財局
不佳。

田隴。大塘河自兌流艮橫過坤、離、巽三宮甲卯乙方距穴數百步外見帆檣往來。蓋大塘

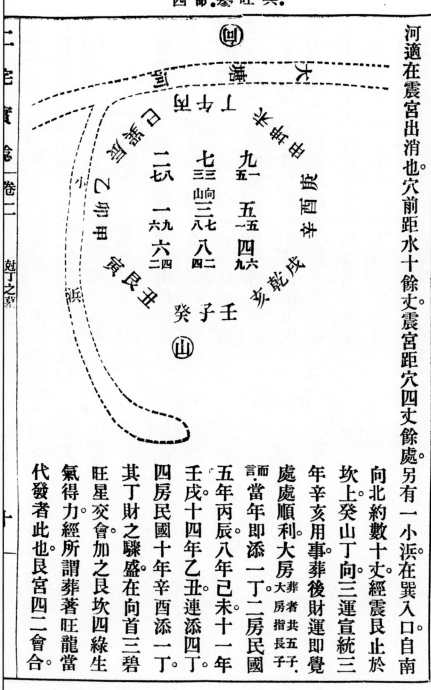

丁財兩興。
在向首旺
星得所竊。
二黑土命。
因艮水四
二二相尅。

河適在震宮出消也。穴前距水十餘丈震宮距穴四丈餘處。另有一小浜在巽入口自南

向北約數十丈經震艮止於
坎上癸山丁向三運宣統三
年辛亥用事葬後財運即覺
處處順利大房
葬者共五子
大房指長子
而言當年即添一丁二房民國
五年丙辰八年己未十一年
壬戌十四年乙丑連添四丁。
四房民國十年辛酉添一丁
其丁財之驟盛在向首三碧
旺星交會加之艮坎四綠生
氣得力經所謂葬著旺龍當
代發者此也艮宮四二會合。

殤丁退財．
在星辰顯
倒．

不利二黑土命三房主上元庚寅生二黑土命。民國十一年壬戌〔六入〕六月〔九入〕傷寒症

亡四房妻上元丁酉生二黑土命壬戌年八月〔七入〕血敗亡五房主上元己亥生二黑土

命民國十二年癸亥〔中五入〕左目失明十四年乙丑〔中三入〕右目又盲

王舍任氏墓　洞庭東山

山落平地寅甲卯低峯巽離坤低山環抱庚

上太湖略見水亮酉辛戌乾亥貼近村屋村

外低山橫臥壬子癸太湖有森林遮蔽甲庚

兼寅申三分三運民國七年戊午用事元空

五行上山下水龍神倒顛應主丁財俱退向

首七三金木相剋尤爲凶惡民國十二年癸

亥五黃入中七赤破軍到向殤葬者之媳十

四年乙丑三碧入中五黃惡土到向殤葬者

之子財運亦衰退。

（四）

低山脚　庚　大湖
辛酉貼近村屋村
乾戌
低山
壬森林太湖
子林遮
癸遮湖

九二　五七　七九
五三　三五　二四
七三　　山　一八
四二　　向　六四
　　八一
　　　六八

艮寅丑山遠（三）
甲卯乙低
辰巽巳
丙午丁　低山脚抱（二）

大河村王氏墓　洞庭東山

殤
一白水・
命女主在
中宮五一・
土水相尅・
殤男主在
星辰顛倒・

山龍寅甲金星圓峯落脉在牛山立穴左右
拖出山脚爲護砂。戌辛酉庚申太湖三運民
國三年甲寅葬甲山庚向元空五行向上星
辰上了山山上星辰下了水（指三碧令所謂
星辰顛倒者此也。原主丁財兩退而中宮又
五一土水相尅金墩甚高女主上元戊寅生
亡。是年四綠入中正合重重尅入之應民國
四年一白水命民國四年乙卯九月腹瀉疾
亡。
八年己未九紫入中二黑到向七赤到山十
一月四綠入中六白到向二黑到山男主光緒
二七年辛巳生。患吐血症亡。七三金木相尅。此星辰顛倒所致也。
血症出於向首

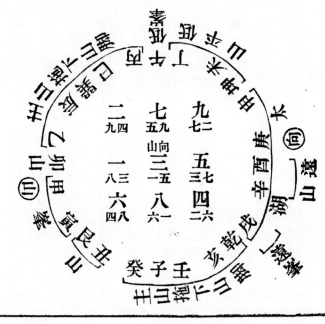

上裏東丁氏墓　無錫

兌池五一
相剋致殤。
一白命人

（羅盤圖）

向　回

未坤申　丁午丙　庚酉辛

九一	五一	七三
五一	三山向三七	三八
四六	八四	二八
二七	一六	六二

壬子癸　高山

亥乾戌　甲寅艮丑　乙卯甲　巽巳　屋村

山落平地壬子癸丑艮高山亥上峯乾
方來澗。小澗自北而南 蓄聚於兌宮小池。小池貼近
側穴子午兼丁癸三運己未年用事元空
五行兌池五一土水相剋剝葬者幼孫上
元己酉生一白水命幼時本有黃塊病。
祖父葬後舊病復發逐年加重漸成臟
脹病延至民國十四年乙丑八月二十
日天亡是年三入中五至兌八月七入
中九至兌仇星得同類扶助九火生之。
其勢益烈故一白命人凶禍難免

馬山史氏墓　武進

離湖七四
同宮致殤
女丁及四
綠木命

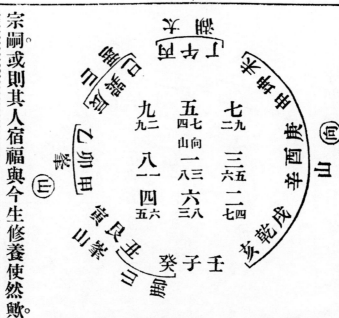

（山龍圖）向　山　亥乾戌　庚酉辛　未坤申
壬子癸　寅艮丑　甲卯乙　巽巳丙
七九　三六　二四
五七　一八　六三
山　向
九二　八一　四五

宗祠或則其人宿福與今生修養使然歟。

顧茂下裏榮姓墓　無錫

田隴一運癸丁兼子午山向震水流兌橫過巽離在坤與離水會合向坎出洧經兌乾二

山龍。一運甲山庚向。大龍身自坎入離震宮起

峯中腰落脉拖下山脚二十餘丈立穴在脉之

將盡處丙午丁太湖爲全局最緊要處。岦方元

空五行七四交會。不利女丁小口及四綠木命

葬後迄今殤上元戊子生四綠木命一人。（八歲天花亡）又

七歲天花痘症。丙午生四綠木命一人。（葬者之曾孫）

女丁三名惟尚有光緒五年己卯生四綠木命（葬者之長孫及）

可謂影形相弔零丁孤苦者矣至於幸免之

葬者至今無恙但全家祇存父子二人。（葬者之長孫及）

因蓋其家先祖餘德未盡姑以他人代之藉繼

二宅實驗　卷二

趙丁之墓

一三三

兌水七四．
致殤少年
及小口
好淫邪在
七四九二
重疊水口．

宮。二黑運內丁財俱利。因山上龍神二黑到向首水裏的上龍神二黑在坤宮三叉。兌巽

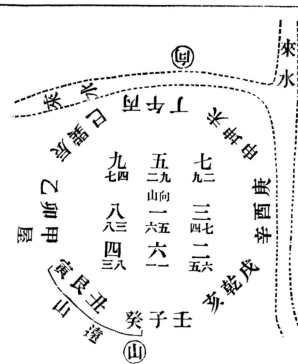

嶰峿灣朱錫川父母塋
無錫

二宮七四四七金木相剋致殤少年
及小口多人以其可追考者約記於
下以供研究。『長房長子上元庚子
生一白水命民國十二年癸亥亡。小
房長子上元丁酉生四綠木命民國
六年丁巳亡次子庚子生一白水命
民國十年庚申亡』水口星辰關係
如此。為人營葬者可不慎哉巽離坤
兌七四九二陰神重疊故其家有好
淫邪者世之關心風化之士能於此
中注意自能挽頹風於無形也。

坐山來路
值七三相
尅致殤三
碧命人。

三元一宅實驗　卷二　尅丁之墓

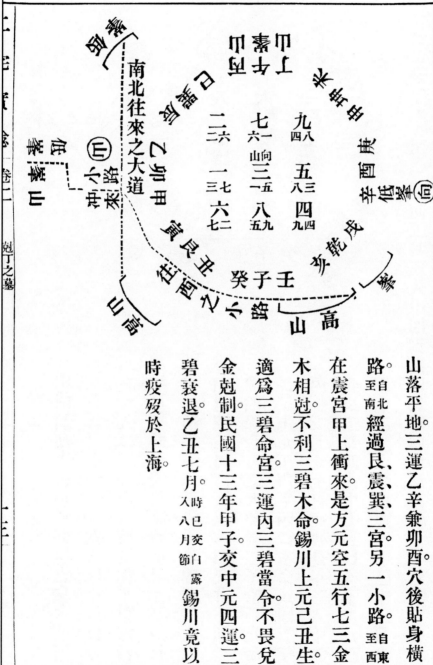

山落平地。三運乙辛兼卯酉穴後貼身橫
路。自北　經過艮震、巽三宮另一小路。
至南　　　　　　　　　　　　　　　　　自東
　　　　　　　　　　　　　　　　　　　　至西
在震宮甲上衝來是方元空五行七三金
木相尅不利三碧木命錫川上元己丑生
適為三碧命宮三運內三碧當令不畏兌
金尅制民國十三年甲子交中元四運三
碧衰退。乙丑七月　時已交白露　錫川竟以
　　　　　　　　　入八月節
時疫歿於上海

一三五

艮水六四．
殤四綠命人．
乾水四二．
殤二黑命人．

東丁村袁　無錫

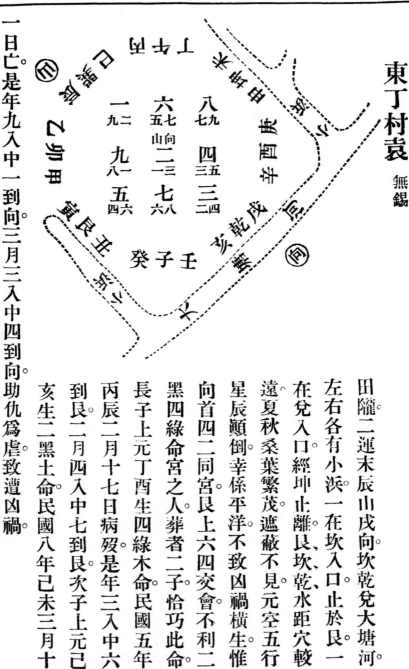

八七　四五
九　　三三
四

六七　向　二三
五山　　二七
二　　　六

一二　　九八
九　　　一五
四六

癸　子　壬

一日亡。是年九入中一到向三月三入中四到向。助仇為虐致遭凶禍

田隴二運末辰山戌向坎乾兌大塘河。
左右各有小浜一在坎入口止於艮一
在兌入口經坤止離艮坎、乾、水距艮較
遠夏秋桑葉繁茂遮蔽不見元空五行
星辰顛倒幸係平洋不致凶禍橫生惟
向首四二同宮艮上六四交會不利二
黑四綠命宮之人葬者二子恰巧此命。
長子上元丁酉生四綠木命民國五年
丙辰二月十七日病殁是年三入中六
到艮。二月四入中七到艮次子上元己
亥生二黑土命民國八年己未三月十

何家村何爾璋父塋　揚中

殤三碧木
命及吐血
症在兌水
七三金木
相尅

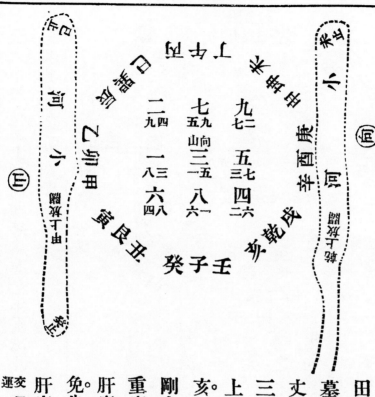

未坤申　丁午丙　辛酉庚

　九二　五七　二四
　七九　五三　一九
　二四　一三　六八
　五九山　向一五　八一

乙卯甲　癸子壬　寅艮丑　戌乾亥

田隴甲山庚向。三運民國八年己未葬。
墓地前後臨水。（該水與外港不通）坐山距水三
丈餘。向首距水丈餘。元空五行向首七
三金木相尅不利三碧命宮葬者次子。
上元戊戌生三碧木命民國十二年癸
亥。五入中七至向八月四入中六至向
剛金叠臨木益難當戊戌生人於是時
重病不起又震為肝受尅於兌金應主
肝疾惟於三運震木當令之際或能幸
免失運則木退金侵逢流年惡曜飛臨。
肝疾不免爾璋與幼弟自甲子民國十三年初
運交四以來肝病頻發均是從肝上之血症乙丑

年三入中廉貞惡上到向助桀爲虐是年爾璋吐血症甚危險至於丁財因山向三四生旺之星均在水裏故頗順利。

六白金命
患吐血。在
乾澗九六
火金相剋。

小林灣張姓墓　無錫

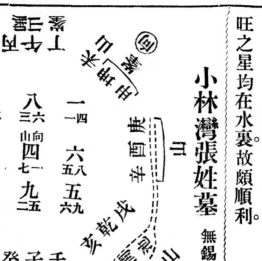

艮峯。在山腳起脉脉身雄壯蜿蜒向坤轉離
轉巽拖出數百丈立穴在脉之中段背上右
有深澗在乾宮蓄水成池艮山坤向四運乙
丑年　民國十四年葬　坐山靠正山峯向首案峯甚
近元空五行乾宮九六火金相剋丙寅年葬
者之子上元乙未生六白金命即患吐血症
甚危險今已擇地他扦。

按丙寅年二入中三至乾。火得木助。其勢
益炎。此墓深葬未及一年。而其驗已若此。
可見墓宅關係
人事之重矣。

南犢山某氏墓　無錫

天折女孩
六個．在乾
湖七．四．出
淫邪．在乾
坎艮．七．四
九．二

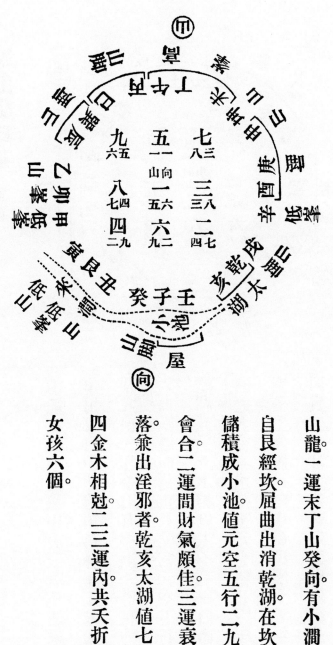

山龍。一運末丁山癸向。有小澗
自艮經坎屈曲出消乾湖。在坎
儲積成小池值元空五行二九
會合。二運間財氣頗佳。三運衰
落。兼出淫邪者乾亥太湖值七
四金木相尅二三運內共天折
女孩六個。

離湖五一
土水相尅
致殤一白
命人。

一子亦云慘矣。

馬山史氏墓　武進

山龍。寅山申向兼甲庚三分三運末
年用事寅甲卯起頂落脈午丁未太
湖。穴前一片平田有小浜一道在坤
入口橫過向首止於乾宮元空五行
離湖五一土水相尅主不利一白命
宮之人葬者之孫上元光緒廿六年
庚子生適值一白水命民國十五年
丙寅二月廿九日夭殤聞史氏祇此

火葬之利益說

死者之利益

火葬對於

凶為吉

行善能化

益

火葬之利益說

讀此篇後方知中年夭殤小口不招其因多在先人坟墓苟預知之

未嘗不可挽回定數惜世之為人相地營葬者多昧於此理如欲免

殤急宜研究此篇對於已葬而尅丁者可以補救之未葬而將葬者

事前審慎之然對於葬後而生育者其命犯尅仍難避免最穩之策

莫如行善與火葬二法

行善之道勤修陰德戒殺素食隨時隨地量力放生見人作善力加

讚美則盛德感天地到處化凶為吉矣

火葬之舉盛行於日本印度等國其益有三

一對於死者　懲海回狂云靜觀初死之人正直仰臥寒氣徹骨一

無所知靜觀未斂骸屍一日至七日黑氣騰溢轉成青紫甚可畏懼

靜觀死人初爛肉腐成膿勢將潰下腸胃消糜靜觀腐爛之屍停積

既久黃水流出臭不可聞靜觀積久腐屍徧體生蟲處處鑽囓骨節

之內皆如蜂窠靜觀腐屍皮肉鑽盡止有筋連在骨如繩束薪得以

不散靜觀死屍筋已爛壞骨節縱橫不在一處靜觀荒塚棄骨日暴

雨侵其色轉白或復黃朽人獸踐踏「智者觀此非但知火葬之遠

勝土埋且可悟道」

試觀以上種種穢不堪言當念我英雄豪傑貴賤貧富絕世嬌容將

來無不如是興念及此能不衷心悄悄悚然而懼惟有火葬清潔無

比可免以上種種不淨之慘狀是故佛教盛行火葬近世高尚之士

亦有主火葬者最近如伍廷芳博士亦火葬之一也

二對於子孫　先人坟墓關係子孫吉凶禍福如響應聲驗之各墓

百不失一故葬着吉壤丁財並發葬着凶地丁財兩敗亦有吉凶參

半而丁盛財衰或財盛丁衰者當其臨葬之時無不延師擇吉冀丁

財兩興而其終也得意者十無一二考其原因半由於宿業之驅使

牛由於艮師之難遇。或遇而因我待之不誠。致不克用其赤心為我

相地是故先人坟墓應驗了了且佳運一過吉地頓變凶地順境卽

變逆境如行火葬則無此弊既將先人遺骸焚化則人事吉凶禍福

皆由吾人心田主之不受坟墓之操縱矣。

三對於社會　吾人自呱呱墮地以至命終數十年間衣食日用計

一人之耗費恆多於一人之生產似此人生於世已覺慚愧無顏歿

後復以遺骸占一生產之地短則百年長則數百年或至數千年試

觀曠野荒坟累累無一非生產之地若每墓平均占地一分每歲須

少產米二斗麥一斗就江蘇蘇常一帶而言以最短期百年統計則少產米二

十石麥十石夫生既無益於世死後復卜吉牛眠貽害社會試問九

泉之靈其能安平且近世人口頻繁坟墓日增生產之艮田日益減

少民食日臻昂貴倘不提倡火葬恐數百年後吾人藉以生產衣食

之良田悉被死人占據盡矣居今日而欲壓低物價維持民眾生計

者其惟提倡火葬歟

火葬既有上述三益顧國人羣起提倡宜於各縣鄉鎮創立火葬公

所實行火葬則造福於社會也豈淺鮮哉

介紹　龍舒淨土文

天地間千形億貌。古今來六道四生。大都隨逐浮沉貪癡迷戀。死不知何處去生不知所從來枉號萬物之靈未聞究竟之道宋進士王龍舒乘菩薩願現居士身爲無量衆開方便門使火坑中徧放青蓮就皮袋裏造成淨土此盡人可得之出苦慈筏亦諸佛同讚之曠劫奇談也各地佛經流通處均有。　一本價三角六分　函購寄費二分

介紹　淨業知津

以至誠懇切之法言忠告後起以明白淺顯之文字神益大羣撥開迷雲知前途之多障。指點出路知樂土之非遙開人慧眼度人金針神益人生其功不淺末附闢邪說掃除邪見。作醒夢之警鐘破昏之烈炬求脫離人世之百苦煎熬者當以先觀爲快矣各地佛經流通處均有。　一本價六分函購寄費一分如無佛經流通處地方可向上海北京路功德林佛經流通處函購

佛學推行社敬布

三元大玄空地理

二宅實驗 下冊 俞復署

介紹　六波羅密多經

慳貪者常在窮困海欲度此海當覓檀那船。妄動者常在不了海欲度此海當覓尸羅船。瞋恚者常在蓋禍海欲度此海當覓羼提船。懈怠者常在退墮海欲度此海當覓毗梨船。馳逐者常在紛擾海欲度此海當覓禪定船。昏暗者常在煩惱海欲度此海當覓般若船。如上所述六度船不在天上與人間。六船全在一心中無須定造無須錢。有人得讀六波羅密多經自然便當覓得從此受用不盡。至於此經中之無礙辯才曠劫奇文濃厚滋味真個全地球上找不出第二部來。南京金陵刻經處印行各地佛經流通處流通。二厚本價五角八分〔函購另加寄費五分〕

〔如無佛經流通處地方可向上海北京路功德林佛經流通處函購〕

佛學推行社敬布

第三章　丁盛財衰之墓

梁溪懺悔學人著

同邑無相行人校

上裏東丁氏墓（無錫）

山落平地二運發丁兼丑未三分元空五行。二黑令星會合坐山二運間人丁繁盛財運衰薄。（山管人丁·旺星逢山峯則興·此墓坐山靠正高峯得二黑當元旺氣·更得兼乾亥高峯形金星·向九火生之·故能丁盛·向管財祿·遇水則發·今二黑令星上了高山·故貧。）峯形金星逼近逢七六及兼向之七四交會主凶禍百出殤小口損幼房及少婦受殀幷主淫蕩肺病官非口舌出敗子酉辛小池八五六三會合主臌脹腹疾宅母不利孕婦受災及黃病墮胎暗病肝氣足疾等種種細查該家自葬後迄今有敗子由淫邪而致涉訟者一次由邪淫而發生之口舌則不知凡幾有肺病亡者多人有少婦受殀者有殤小口損幼房者（以上種種皆由於乾宮高峯而發生·）又有懷孕得病亡者數人腹疾臌脹亡者一人墮胎者三次其

口舌官非
疾危全在
乾兌二宮

（山）

巽巳　午丁未坤申　庚

乙辰　女　男
富貴

辛酉庚　小遠
池事

乾戊　高濶近

乙卯
莊村

甲寅　艮丑

壬　高山
子峯
癸峯（山）

八　三
一　八

四　八　三　三　七　七
五六　三二　六四

六一四山向二六八七
三一山二六五二三

一九
八五　四一　五
九四七一五
八五九　四一五
九七　四二

餘有患肝氣病、黃病、暗疾、足疾者。以上種
種。皆由於

會合上高峯發生。

於兌宮小遠
池而發生。另有兩孩各盲其左目者
坐山高峯三、九。今就其最近三年內可追
考者畧記於後以資研究。

民國十三年甲子四入中長房宅母正月
肺病亡宅主十二月自刎。原有十四年乙
肺病
丑三入中長房癸亥生男孩四月急病亡。
四房辛未生女主三月肺病亡五房已酉
生幼子八月腹疾臌脹亡十五年丙寅二
入中。五房少婦乙未生三月懷孕得病時
刻腹痛諸醫束手四月加重延至五月而
亡。

以上皆上
元生人
觀此可知一山一水。關係至為重要營葬之事可不慎哉。

馬山許氏墓　武進

震湖遇背
時之七致
敗退及涉
訟。

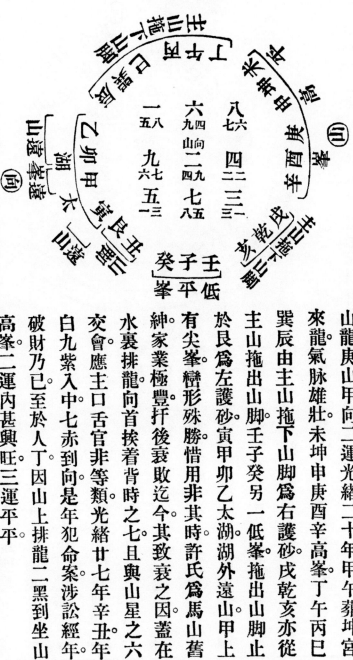

油車頭姚姓墓　揚中

丁盛財衰之墓

八七　四二　三二
六四　九山向二　七九
一五　九六　五一

山龍庚山甲向。二運光緒二十年甲午葬坤宮
來龍氣脉雄壯。未坤申庚酉辛高峯丁午丙巳
巽辰由主山拖下山脚爲右護砂戌乾亥亦從
主山拖出山脚。壬子癸另一低峯拖出山脚止
於艮爲左護砂寅甲卯乙太湖。湖外遠山甲上
紳家業極豐扞後衰敗迄今其致衰之因蓋在
有尖峯巒形殊勝惜用非其時許氏爲馬山舊
水裏排龍向首挨着背時之七且與山星之六
交會應主口舌官非等類光緒廿七年辛丑年
白九紫入中七赤到向是年犯命案涉訟經年。
破財乃已至於人丁因山上排龍二黑到坐山
高峯二運內甚與旺三運平平

乾宮最有
權力之水
口逢七六
交劍煞致
官非破財

二宅實驗

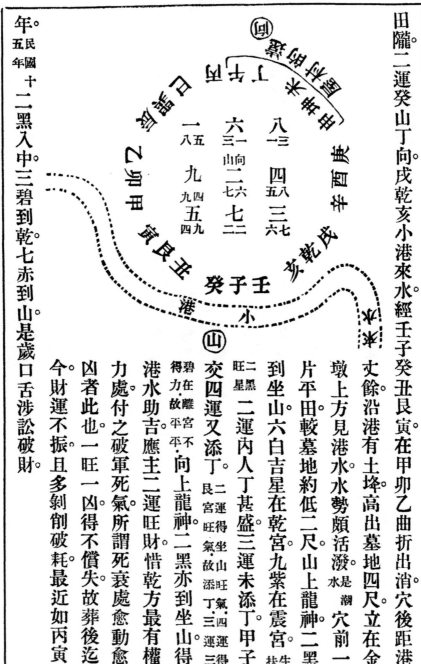

田隴二運癸山丁向戌乾亥小港來水經壬子癸丑艮寅在甲卯乙曲折出消穴後距港

丈餘沿港有土埠高出墓地四尺立在金墩上方見港水水勢頗活潑（水是潮穴前一）

片平田較墓地約低二尺山上龍神二黑

到坐山六白吉星在乾宮九紫在震宮（扶生）

二黑旺星二運內人丁甚盛三運未添丁甲子

交四運又添丁。向上龍神二黑亦到坐山得（二運得坐山旺氣四運三艮宮旺氣故添丁三運三得）

碧在離宮不得力故平平。（二黑）

港水助吉應主二運旺財惜乾方最有權

力處付之破軍死氣所謂死衰處愈動愈

凶者此也。一旺一凶得不償失故葬後迄

今財運不振且多剝削破耗最近如丙寅

年。民國十二黑入中三碧到乾七赤到山是歲口舌涉訟破財五年。

艮水七四．
致殤年輕．
人家境蕭
條亦在此．
背時之七．
淫邪在艮
二．
震七四九

橫山北麓榮姓墓　無錫

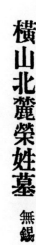

山　山腳　遠峯　大池

七一　三六　二五
五三八　一四　六二九
　一七　六二
山向
九八三　八九二四　八四七
　八九

未申　丁未　丁丙　巳丙　已巽辰　乙辰　乙卯甲　寅艮丑　癸　子　壬　亥乾戌　辛戌　庚酉辛

遠峯山　池峯山　案山　同

丁盛財衰之墓

山龍。一運坤山艮向兼未丑三分坤峯落脈。
左右拖出山腳爲護砂向首有暗水橫阻幷
有明水池塘龍氣甚足案朝皆備。即案山巒朝山巒
頭殊佳惜葬非其時致子孫多窮途潦倒者。
元空五行一白貪狼會合坐山人丁與旺向
首七四交會在一二運間殤中年主人一位。
葬者之子少年人三位。葬者之孫內有四綠木命一位。
逢年白四入中七赤到向之年自縊身亡一
運中家境衰落財運至爲不利二運震宮暗
水得力一房在蘇開設扇舖一房在滬開設
煤炭店一房經商蘇滬聲譽殊佳惜艮乾二
房經商蘇滬聲譽殊佳惜艮乾
水死氣重重。故徒負虛名而無實際。交三運二黑衰退三碧在巽宮不得力各房相繼失

敗負債纍纍艮震水口七四二九陰神重疊故婦女淫奔者二八。

葬者孫媳

馬山丁姓墓　武進

四綠生氣
峯得山星
添丁在兌
之山向能
星辰顛倒

（羅經圖：申庚・辛酉（山腳高峯）・乾戌（遠山）・亥・壬子癸（湖）・太山／坤未・丁午・巽巳・乙卯甲（山腳）・寅艮丑（高峯）／向）

```
        九八一
        五六　四
        七六　三四　八九
        二三　一九　六七
        五
```

巽龍連起三峯落脈立穴在下半山龍氣一卦
收清左右以主山拖出之山腳為護砂庚酉高
峯戌乾亥壬子癸太湖向首遠山為案巒體甚
美三運巽山乾向元空五行山上水裏星辰顛
倒丁衰財薄之山向也惟山上排龍一白吉星顛
到山四綠生氣到兌宮高峯故扦後亦得連添
二丁觀此可知星辰顛倒非盡不可用也祇須
形氣配合得宜耳財運則不佳因乾坎太湖挨
到向星五九死氣也。

雪堰橋陳根祥祖坟　武進

田隴二運壬山丙向巽方小浜來水止
於乙上離方來一澗滙聚巽宮與小浜僅
隔一壩坎方另來一澗經過艮宮止於
甲上與小浜隔一澗壩丑艮方有高屋
尖三個三運間人丁頗利財運不佳山
上龍神坐山得三碧巽艮得六一吉星
是故添丁頻頻向上排龍三碧在艮上。
遇屋尖木神洩洩而破軍死氣又居最
活動之巽方助虐是故財運愁眉不振。

財運不振。
在艮宮向
星三碧旺
星洩氣巽
宮七赤助
凶。

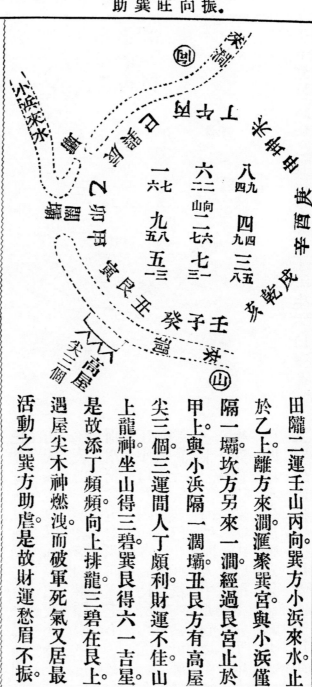

八 四 九
四 九 四
三 八 五

六 二 山向 二 六
二 二六 七
一 六 九 五
九 五 一

石塘灣張姓墓 無錫

田隴一運卯山酉向乾方來水在坎宮與坤水會合向艮直流約半里許折向巽方屈曲
出消兌艮坎來去水口挨到山星一白二黑四綠一二運間一白二黑當旺葬者之子連

女主淫蕩.
在乾坎艮
活動之方
逢二九七
四所致.

（四）

申庚　辛酉　戌　亥乾戌

七六　三二　二九
五六

五八　山　向　一三
三一　八　六　四七

九七　八六
四五　六二

壬　子　癸

坤　乙　卯甲　寅艮丑

（四）

中五到坎癆病亡。長房主上元丁丑生六白金命亦在八年患癆病亡二房女上元丙午

育四男。三運間得坎宮四綠生氣。
兄弟四人生兒九個人丁可稱極
旺、向上龍神一白二黑七赤九紫。
在兌、乾坎艮活動之方一二運間。
吉凶參半故財局平順交三運兌
乾衰退家境驟落凶事頻來坎宮
兩水交會處七四同途主不利女
丁小口及四綠木命長房元配葬即
孫媳者之上元辛巳生四綠木命光緒
三十二年丙午四入中九到坎由
生產後得癆病亡繼配上元壬申
生四綠木命民國八年己未九入

生二黑土命民國十四年乙丑三入中癆病亡三房女主黃病亡長房幼殤兩兒現已絕

嗣乾、坎、艮、九二七四重疊水口所謂陰神滿地成羣是也長房女主淫蕩蓋在乎此

舜過山五龍崗榮姓坟　無錫

丁盛在坐
山得山星．
三碧令星．
財衰因離
湖得向星．
二黑衰星．

```
        丁壬寺峯高
    九四    五六    七二
    二      九      四七
  四二山向  三八    八三
  七山向三  八三
    二六    一五    六
    九      一      五
    六      一
   壬子癸   乙卯甲
   戌乾亥   艮丑
```

山龍壬山丙向三運初年葬亥乾

戌辛酉高峯辛上最高庚申坤高

山辛戌落脈橫過穴後　脈立穴依（本墓）

於艮上艮、震、巽方峯巒層疊（另一龍脈）

丙上遠見湖水元空五行三碧令

星會合坐山三運內添丁六個人

甚與丙上一滴湖水挨着向星

丁二黑退氣長房父子曾開設錢舖

於漚上不久虧耗倒閉近十年來

小輩一無進展兼有一二順利亦

祇堪供給個人之生活老輩甚至變賣產業其財運之不振可知矣。

龍泉庵口榮姓墓　無錫

（三）

　　未坤申　峯山脚
　　丁午丙
　　辛酉庚

八三一　四六　七

六八一　五向　山二九四　七

一三　九二五　六七

乾戌　亥

壬　子　癸

丑艮寅　山脚峯

（四）甲卯乙　山峯高

辰巽巳　峯

山落平地二運卯山酉向山上龍神二黑在坐山
高峯二運內添丁二個一六吉星在巽艮二峯三
碧在坤宮是方雖有暗池惟有坤申山峯更得巽
艮一六助吉故三運內又增四丁人口可算旺矣
財運自葬後迄今未嘗一日展眉因向上龍神二
黑三碧上了震巽高峯所謂水裏星辰上了山也。

水裏挨著
生旺之星
未能發達。
只爲向首
亭尖令星
洩氣。

青龍山下朱姓墓　無錫

庚酉辛
青龍山迤邐

申坤未
太湖

乾戌亥

丁午丙
山低

八四　　　五八
　四

九四　　　　五八
五三　　　三八
　　　　　　四九

七六山向三一
八五

二三　　　一七
一七　　　六二

壬遠峯
子遠峯
癸遠峯

乙卯甲
池大
寅艮丑
山遠
山高遠

巳
尖亭

山落平地。三運辛乙兼酉卯戌辛酉庚青山
迤邐。即青龍山坤方太湖。上立遠見金墩穴前大池塘
距穴三東山梅園之亭尖聳峙向首元空五
行令星到山到向上山下水各得其宜丁財
兩盛之山向也。十餘年來人丁固佳財運則
一無進展。蓋因向上亭尖屬火三碧屬木遇
火則洩。所謂生出是也生出主退財幸坤湖
生氣維持故其家既未進展亦未衰退。

前州沈姓墓　無錫

申　未

庚

辛酉庚

戌乾亥

　八二　四六　三七
六一向二八　五七
四一山二八　三九
　一六　九七　五二

壬　子　癸

丑　艮　寅

甲　卯　乙

長漕河

舊隴有自東至西之長漕河。外不通水在艮

坎二宮距穴約三丈餘坎上特潤。壬止上於

另在丑艮上向北分浜漸縮成小溝二

運葬未山丑向水裏龍神二黑到向葬

後即覺順利交三運二黑失時財運欠

利山上龍神三碧在坎三運民國元年

壬子太歲到坎舉一子葬者之孫十三年甲

子一年第太歲又到坎復舉一子

四運

嶀峒灣東山麓榮姓墓　無錫

三運卯山酉向兼乙辛三分大龍身由艮轉坎入離震峯中腰落脉乾坎艮巽峯巒層疊。

坤方遠見太湖向首以遠峯作案元空五行三碧令星到山到向三運丁財兩旺之山向

當令旺向、因無水而未發。

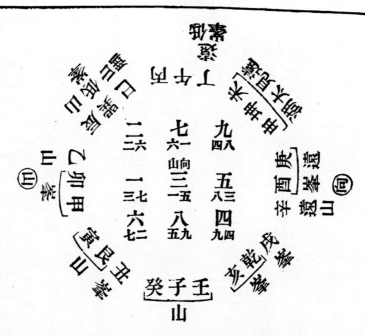

巽峯

丁未　坤峯

庚酉辛　山向退　戌乾亥

```
八四      九      二六
七六 山向 三五    一三
三一  八  八五九   六七
      四九 五九
```

壬子癸山　　癸子壬山

甲卯乙峯　　丑艮寅峯

巽巳峯

也。故三運間人丁佳利。惟財運恐未放異彩父

子數人。經商滬漢。徒負聲譽實際終憾不足。

蓋向首全無動情旺星不得力也按向星管

財盛衰全在乎水因其動而應響速遇生旺

則愈動愈吉逢死衰則愈動愈凶山則靜而

不動其應也緩今交四運向星四綠挨在乾

峯欲求發展終成畫餅

又坐山得山星三碧在三運當令時固可旺

丁。惟與向星七赤會合失運恐多不利且巽

艮、乾、峯復逢二、七、九、死氣而四綠生氣又下

坤水是故益堪悲慘久後恐人丁凋殘有

影形相弔之慨。今歲丙寅二入中九至
震、巳瘍長子·肺癆病亡·

莫巷宋氏墓　無錫

按是墓左鄉．另一榮姓墓．八方情形與此相仿同．一三運用事．一則艮山坤向．三碧旺星在坤湖．三運內發財四五萬金．一則卯山酉向．未發．是即生旺處愈動愈吉之一證也。

（圖）

```
          戌乾亥高山
     庚酉辛            辛酉庚
  甲卯乙                    
     三四八    八一    五
           六三一  三六七
  甲卯乙  山向  二二六  七二
           一八  五  九四
                  五九  四
     丑艮寅    壬子癸    
              癸高峯山
```

山落平地二運癸山丁向在惠山之麓。
乾坎二宮高山迤邐癸上起峯兌宮另
有一山辛上起峯巳丙午丁未有他姓
之土坟牆堆築甚高橫阻若屏坐山靠
正高峯山上排龍二黑到山二運間人
丁甚興向上排龍二黑亦到坐山正是
水裏龍神上了山也三碧到坤宮毫無
動情故二三運間財運不濟數十年來
未嘗一放特彩。

嶂嘲灣張裕昆墓　無錫

（圖）

```
          甲峯峯
      未坤申
   辛酉庚
  八三   四六三   六八
                 山 向   二四七
  一三   九二   五六     四九
 戌乾亥   癸子壬   寅艮丑
     （圖）
  乙卯甲
  山峯山   乙卯甲山峯   澗   山
```

山龍卯酉兼乙辛三分二運初年葬。大龍身
由艮轉坎入離卯上起峯中腰落脈兌乾艮
巽峯巒聳繞坤宮池塘艮上澗溝經過坎、乾、
兌、匯聚坤池山上龍神二黑在坐山一、六、八
三吉在巽艮乾諸峯助吉是故人丁與旺二
黑三碧上了震、巽、山峯艮坎、乾兌坤活動之
運間長房連生四子小房二子向上龍神二
方滿佈七、九、五、六、一背時星辰是故財運大
敗次子吸食鴉片將祖宗遺產變賣淨盡

嶂嘲灣南山麓榮某父母塋　無錫

二運原向
合葬向首
逢五二交
會致鰥夫
叠出。

一運寅山申向圖

七一　三六　五
　　　　　二六
五八　一　　七四
山　　向
　　　一四
九三　八　　六二
　　　二　　九
八二　四七

鰥夫叠出蓋在乎此。

二運原向合葬圖

八五
四一　三
七　　六九

六三
山向二
九　　一
二八　七
五　　四
七一

一七
四
九三
六　五
五　八
二

艮來龍轉坎入離折
坤艮寅起峯落脉震
巽離山峯環続戌乾
亥山峯另一山脉距
穴較遠寅申兼艮坤山向父穴一運葬令星交
會向首靜而無動財運平平交二運家境漸衰
退迫母歿原向合葬星辰顛倒小輩都遭失業。
困難更甚父穴山星二黑三碧母穴三碧四綠
在震巽山上二三運間人丁甚旺母穴五二媳
星會聚向首紫白訣云黑逢黄至出鰥夫其家

孫巷某君父塋　無錫東大池惠山之麓

按父穴坐山挨着山星七赤死氣主人丁衰絕而震巽山峯挨得二黑三碧亥二運後一旺一生故有人丁興旺之應觀此可證寶山星生旺二氣所到處逢山峯皆足旺丁也

向首得三
碧旺水故
葬後即發
穴後下陷
大違山龍
用法故失
運即退

癸丑落脉伏而再起伏處有深
澗橫阻由艮入坤立穴在再起之高
處坐山靠正高峯左右山峯環
抱乾亥凹風丁未湖水三運癸
丁兼子午某君未葬父前已頗
順利既葬後勃然大發以其元
空五行三碧旺星在向首水裏
所謂葬著旺龍當代發也交甲
子連年退財出三運中最盛時
擁資數十萬今已化為烏有蓋一進四運三碧衰退四綠令星挨在艮峯不得力而穴後
太陽下陷大違山龍用法是皆速敗之因至於人丁四綠到坐山高峯三四運間可望順

一五三

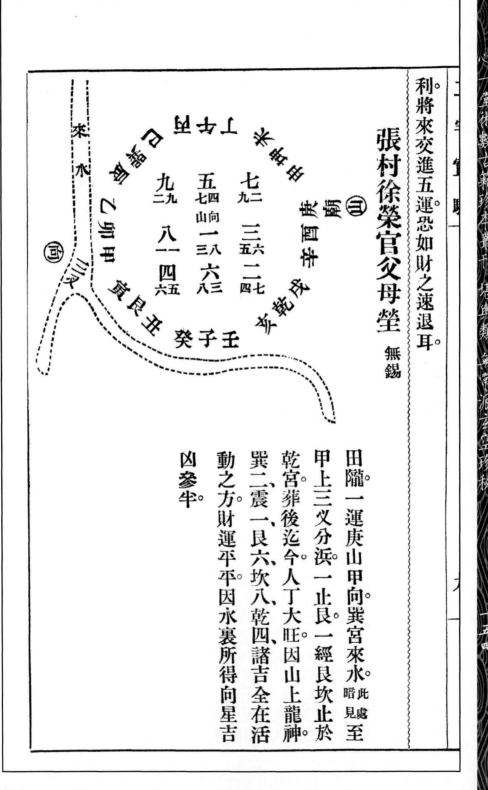

利將來交進五運恐如財之速退耳。

張村徐榮官父母塋 無錫

田隴。一運庚山甲向。巽宮來水。此處暗見至甲上三乂分浜一止艮一經艮坎止於乾宮葬後迄今人丁大旺。因山上龍神。巽二、震一、艮六、坎八、乾四、諸吉全在活動之方財運平平因水裏所得向星吉凶參半。

孔山榮玉全父母塋　無錫

（羅盤方位圖：壬子癸、乙卯甲、艮寅、庚酉辛、乾戌亥、申未坤 等字樣，並列有飛星數字）

九四八　五三八　四九四

七六向三一五　八五九
山

二六　一三六七

壬峯　子山　癸山

乾上主峯向離出脉。橫過穴後止於未上穴後
坐實三運酉卯兼辛乙山向山上排龍三碧到
山四綠到乾生旺並收葬後玉全連生三子是
亦葬著旺龍當代發也。向上排龍三碧正神到
向惜向首山峯重叠而四綠生氣復在坤山因
此家境貧苦負債縈縈按此墓雖葬旺向。而家
寒若斯。此足證用無體不靈也。

丁盛在坐
山得三碧
令星．
財衰因離
湖七赤死
氣．

馬山王姓墓　武進

馬山許姓墓　武進

三運戌山辰向。壬亥高峯落脉。在將盡處結成氣墩。依墩立穴。向首無水。平山作案。葬後人丁興盛。財局不利。元空五行令星到山到向。山管人丁。要生旺之星挨在山峯。本穴旺星到山得山。故能丁盛。向管財祿。要生旺之星挨在水裏。本穴旺星到向。無水。是故財祿全無。而丙午丁未太湖七五死氣。乘凶。遂有敗退之應。

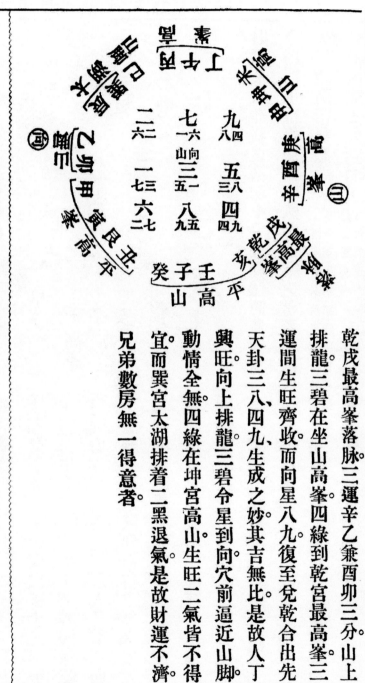

榮巷鎮某糟坊主顧某父塋　無錫東大池惠山之麓

九八　四
五三　四九
七六山　向
一　　三五一
　　　八九
二六　一三六二

壬
子　高
山

癸

乾戌最高峯落脈。三運辛乙兼酉卯三分。山上
排龍三碧在坐山高峯四綠到乾宮最高峯三
運間生旺齊收而向星八九復至兌乾合出先
天卦三八四九生成之妙其吉無比是故人丁
與旺向上排龍三碧令星到向穴前逼近山脚
動情全無。四綠在坤宮高山生旺二氣皆不得
宜而巽宮太湖排着二黑退氣是故財運不濟。
兄弟數房無一得意者

向上湖水
佈着衰退
之三碧更
逢乾宮凹
風九紫生
出致財運
驟退及家
室遭回祿
之殃

山峯 辛酉庚

丙巳巽

（四）

一三　六七　五九

八三　五一　四八　九四

四九

三七　二六　七三

乙卯甲 山

丑艮寅 高高峯 山

壬 高峯

亥乾戌 峯

子癸 高峯（山）

坎艮二宮高山峻嶺乾、兌坤、震巽諸宮
峯巒環繞乾亥上山形缺陷。即凹風丁上
太湖。癸丁兼子午一度民國十三年甲
子三月用事交是年初四運山上龍神四綠旺向
星到山靠正高峯主本運人丁與旺
上龍神三碧退氣到向首水裏九紫死
氣到乾宮凹風所謂死衰處愈動愈凶
者此也又三爲震木九爲離火木遇火
則燃洩所謂生出者此也二者皆主退
財顧某自葬親後糟坊中生意驟然清淡大有一落千丈之概往昔顧客接踵經濟寬裕
今則門市冷落週轉困難有歇業之勢乙丑閏四月廿七日晚間城內西大街住宅忽然
失愼祖遺精華悉毀於火。四鄰皆未殃及獨燒其家且是 按是年三碧入中四綠巽風到
　　　　　　　　　　晚無人皆在家睿屬皆在榮巷。
乾七赤先天火到向五月即爲芒種一入中二黑先天火到乾五黃到向廿七日壬申三
　　　　　　　　即爲五月

入中又是四至乾。七至向火遇風而愈狂。木逢火至益熾。遂致回祿之災。是亦退財之一也予識顧某已多年乙丑冬愍其連年遭遇勸其遷墓補救奈不信予言聞今歲丙寅又虧負甚巨是亦大數使然歟。

向首三五木土相尅其次子癸亥生五黃土命。乙丑年三入中七至向重重尅入是兒竟無恙此即所謂貪生忘尅也。

梁溪懺悔學人著

同邑無相行人校

第四章　財盛丁衰之墓

白石嶺王姓墓　洞庭東山

山龍卯酉兼乙辛三分寅甲高峯落脉在半山立穴。以左右山峯爲護砂。乾戍辛酉庚申方太湖。湖外遠山迤邐最遠。申上酉上湖中有小山一座作案。案外有山峯爲朝。湖水浩渺面積甚廣山上排龍三碧令星到山。惟嫌會合非耦且艮峯挨著兌七死氣巽山坤二衰氣。坎峯五黃零神坐山雖得旺氣。無如孤不敵衆是故王氏人丁不與。水裏排龍向首得三碧旺氣乾湖得四綠生氣。復與山星八九聚會合出先天三八四九，生成之妙坤湖八白碧旺氣復與山星八九聚會合出先天三八四九，生成之妙坤湖八白吉星又與向首生成一氣巧妙已極所謂三吉是也。聞三碧運中王姓在滬經營洋貨業。獲利甚豐積資五十餘萬金。

三運大發.
在乾兌兩
動處得向
星四三生
旺二氣人
丁不興由
於坎艮巽
峯佈着山
星五七二
死衰之氣.

二宅實驗　卷四

（四）

九　五　三
四　八　四
八　三　九

七　一　向
六　山　三　五
一　二　五　八

二　六　一
三　一　七
六　七　二

山嘴村嚴姓墓　洞庭東山

山龍二運甲山庚向立穴在平地甲卯高山丙午低峯伸出山脚止申爲左護砂寅峯癸

三運附葬
甲山庚向
因星辰顛倒
而致丁
財大敗

子壬亥山脚為右護砂。乾戌辛酉庚太湖穴前
有果樹園夏秋間枝葉繁盛湖水遮蔽多令葉
落可見山上龍神破軍死氣到坐山人丁不利。
自不待言幸艮山得三碧故在三運亦曾添一
男丁。向上龍神二黑令星到向三碧生氣到乾
宮因生旺二氣在活動之方故葬後得青雲直
上三運間嚴姓在滬經營棉紗業一手順利最
盛時擁資四五十萬三運末原向附葬令星顛
倒遂致丁財大敗所添男丁不幸夭殤數十萬
家資罄於俄頃反致債檯高築墓地之關係人
事如是不禁使人寒心按同在一地同一山向

一在二運則大發。一在三運則大敗。於此可知用之重於體。故名雖葬地實係葬天地隨
天轉之說良不誣也。

因附葬星辰巔倒致丁財兩退

何家山朱姓墓　洞庭東山

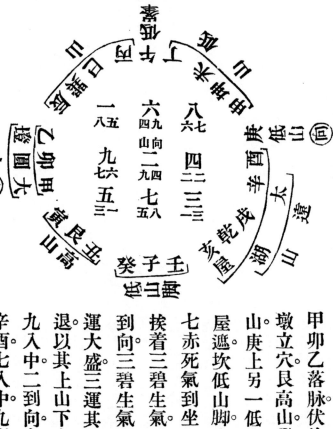

甲卯乙落脉伏後再起。平地結大圓墩一座。依
墩立穴艮高山震巽平山午低峯丁未坤申低
山庚上另一低山作案酉辛戌乾亥太湖亥上
屋遮坎低山脚主穴二運甲山庚向山上龍神。
七赤死氣到坐山人丁之衰可知幸艮宮高山
挨着三碧生氣不致絕滅水裏龍神二黑旺氣
到向三碧生氣到乾生旺全收是故二運間財
運大盛三運其子（主穴之子）原向附葬昭穴丁財皆
退以其上山下水星辰顛倒也民國八年己未
九入中二到向七到山殤附葬者之長孫十年
辛酉七入中九到向五到山殤附葬者之子。

三運
甲山
庚向
附葬圖

九七二
五三七
四二六

七九一
五山向一
三一五
八一六

二九四
一三八
六八四

因巽峯七
四兌湖四
七致所生
五男四女
皆未成養

紀革頭陸姓墓 洞庭東山

一運丙山壬向大龍身由艮入坤巽
巳高峯落脈憑山腳立穴酉辛戌乾
亥壬子癸丑艮太湖坎宮湖面最廣
葬後兄弟二人連育五男四女皆未
成養其因在巽峯七四兌湖四七金
木相剋宣統二年庚戌一入中三年
辛亥九入中兩年內傷亡最多計老
幼五口現人丁已絕是巽兌相剋之

財盛丁衰之墓

七九
三四
二六五

五二
九山向一
一五六
六一

九四七
八三
四八

八三
四八

未坤申庚酉辛戌乾亥 壬子癸丑艮寅甲卯乙辰巽巳丙午丁

大山
遠
湖遠峯
向
山
峯遠

外復因坐山九紫死氣使然。向上排龍一白、三碧、四綠、五黃在坎、艮、兌、乾活動之方。故三運中財運大旺。

惠麓周氏墓 無錫

母穴二運未山丑向圖

山脈

八二	四三六	三四七
六四一（向）山二八五	七三九	
一九六	九七五	二

乾戌　　辛酉庚　　坤申未

坐山兼未　甲寅申

壬　子　癸　丑艮寅　甲卯乙

（向）

父穴三運
原向合葬
圖

九六	五四	
七二四（向）山三九六八五一		
二七	一八	六三

未山丑向兼丁癸三分母穴二運用事。父穴三運合葬。未上高峯落脉龍氣極雄壯。其地土色甚紅活。離坤兌三宮高山逶迤坐山靠正高峯。乾坎艮震方森林繁茂。龍身步步向下傾斜。向首無水距穴十餘丈處有土墩作案。母穴二黑令星到山到向。主二運丁財兩興。惟為

時無幾卽交三運。山上排龍。三碧落陷坎宮。爻穴山上龍神。旺星又陷向首。故三運內人丁不盛。向上龍神三碧旺氣到向。八白在震宮。與向首三八爲朋。合生成之吉。一白在坎。有生扶向首之功。三吉之向也。是故周君三運內財運頗佳。爲錫邑商界巨子之一。

按著者歷觀各家舊墓。凡龍氣佳。巒頭美。旺氣挨到向首。雖無滴水亦可發。顧蓋山龍以高一寸作山。低一寸作水論也。但平常之地。則未見有特彩。

楊灣山周姓墓 洞庭東山

二運艮山坤向。光緒戊子年用事。子癸丑艮山峯。丑上拖下山脚。在半山立穴。寅甲卯乙丙外山脚二層爲左護砂。壬亥乾戌山脚二層爲右護砂。辛上太湖。酉庚申低山辰巽巳丙午丁未坤方蘆田一望無際。田外太湖環抱如帶。午上有一小浜。自湖入口止於丁上元空五行星辰顛倒向首五二同宮。紫白訣云黃遇黑時出寡婦。周姓婦女寡居三人莫非無因。巽宮七四金木相尅。葬後第二年歲次己丑三入中。上元乙亥生八白土命肺癆病亡。葬者之孫亡。時年十五。第六年癸巳八入中。丁丑生六白金命時疫亡。時年之孫十一丁亥生五黃土命急病亡。第十年丁酉四入中。其後屢屢損丁殤小口。其年月已不可追考。最近如民國七年戊午生男孩。至十年辛酉天殤。元年壬子生男孩。至十五年丙寅天殤。此皆星

財盛丁衰之墓

念一卷四

婦女寡居。在向首五二同宮。損丁在星辰顛倒。殤小口在巽宮七四交會。

八五　四一
六三九　九三山二　二八七四
一七　九六三　五八

小浜　田

子　壬　亥乾戌
癸　丑艮寅　甲卯乙　辰巽巳　丙午丁　未坤申　庚酉辛

辰顛倒與巽宮七四使然也。論其財運。午浜來水得向星三碧在二運爲生三運爲旺。故二三運中財運頗盛。

塘橋朱姓墓 武進

田隴辛山乙向。一運末年葬有震水流兌經巽離坤三宮在離上特潤。此處距穴最近穴前稍遠

三運大發。
由於離水
向星三碧
所致。
殤小口在
巽水七四
金木相
剋。

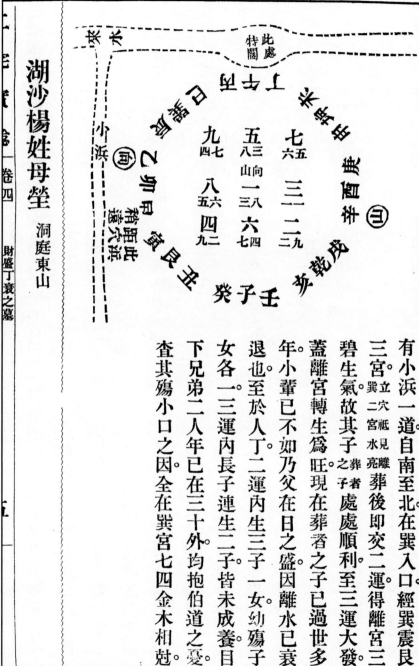

湖沙楊姓母塋　洞庭東山

有小浜一道。自南至北在巽入口。經巽震艮
三宮。碧生氣故其子之葬者處處順利至三運大發。
蓋離宮轉生爲旺現在葬者之子已過世多
年。小輩已不如乃父在日之盛因離水已衰
退也。至於人丁二運內生三子一女幼殤子
女各一三運內長子連生二子皆未成養目
下兄弟二人年已在三十外均抱伯道之憂。
查其殤小口之因全在巽宮七四金木相剋。

巽立二穴祇見離宮水亮

向首有水
四層挨着
三碧旺星
故三運大
發

乾低峯來龍向震出脈橫過穴後壬子癸丑艮寅一帶平山崗。在坎上拖下山腳立穴。坤宮有來水經離巽二宮向震直去。午上另一方池午上更有一圓池河浜之南除兩池外一片蘆田春夏之間一碧無際風景殊佳蘆田外遠見一線太湖環抱若帶穴前距水十丈餘向首共得水四層癸丁兼子午三分三運宣統辛亥年用事向上排龍三碧令星到向八白到巽一白到坤所謂三吉是也葬後楊

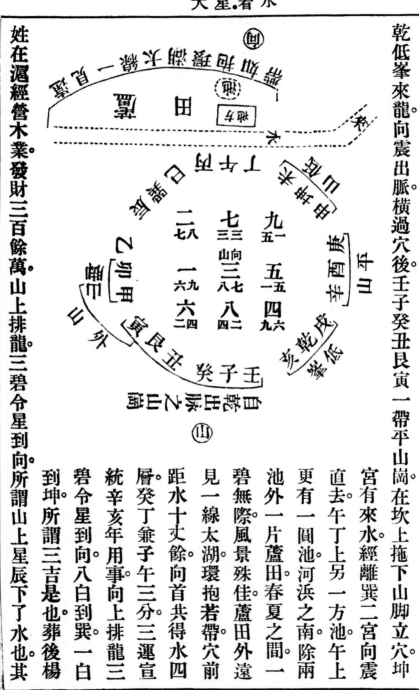

姓在滬經營木業發財三百餘萬山上排龍三碧令星到向所謂山上星辰下了水也其

人丁之不盛全在乎此。

前洲沈姓墓　無錫

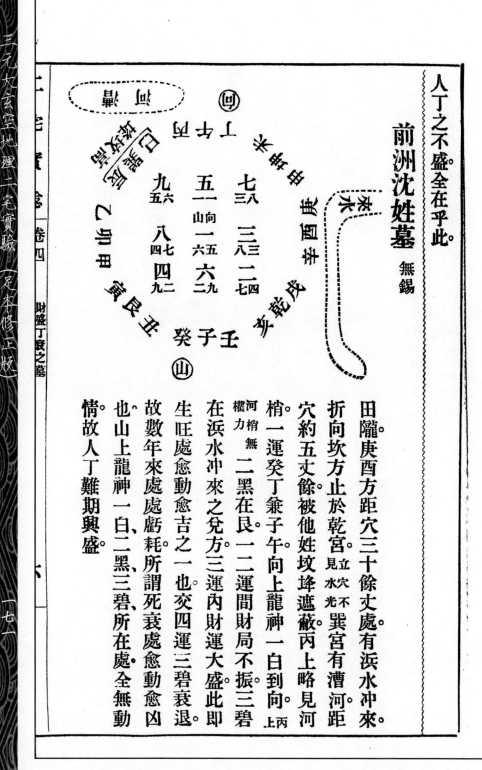

田隴。庚酉方距穴三十餘丈處有浜水冲來。
折向坎方止於乾宮。見穴光不巽宮有漕河距
穴約五丈餘被他姓墳埻遮蔽丙上略見河
梢一運癸丁兼子午向上龍神一白到向上丙
櫂力無　二黑在艮　一二運間財局不振三碧
在浜水冲來之兌方三運內財運大盛此即
生旺處愈動愈吉之一也交四運三碧衰退。
故數年來處處虧耗所謂死衰處愈動愈凶
也山上龍神一白二黑三碧所在處全無動
情故人丁難期與盛

馬山張姓墓 武進

祖父一運癸山丁向圖

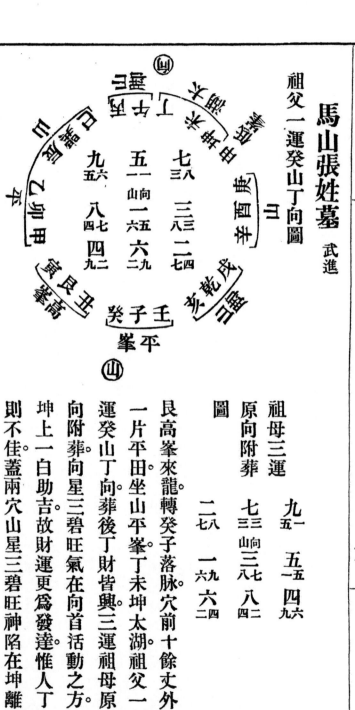

祖母三運
原向附葬
圖

艮高峯來龍轉癸子落脉。穴前十餘丈外
一片平田坐山平峯丁未坤太湖祖父一
運癸山丁向葬後丁財皆與三運祖母原
向附葬向星三碧旺氣在向首活動之方。
坤上一白助吉故財運更為發達。惟人丁
則不佳。蓋兩穴山星三碧旺神陷在坤離
太湖艮坎二峯挨得九二死衰之氣幸祖母穴坐山得四綠生氣尚有後望聞大房兄弟
三人皆抱伯道之憂獨小房在三運曾得一子。

財盛在乾
兌水裏得
四三生旺
之星
丁衰因坐
山三碧旺
星逢高屋
背平洋坐
空之理

雪堰橋楊姓墓 武進

財盛丁衰之墓

田隴三運卯酉兼乙辛。有坎水流離。經乾、兌
坤、三宮穴後有高屋及橫路貼身葬後財運
大佳漸置良田百數十畝被舉為邑中圖董。
其發福之因全在乾兌活動之方飛着向星
四綠三碧生旺二氣及坤上八白輔星所致。
山上排龍坐山雖到旺神惟平洋與山龍廻
異山龍宜坐實平洋宜坐空反之皆主人丁
衰絕本穴坐山得高屋高者應作山論違背
平洋坐空之理因此人丁衰薄且向星七赤
破軍臨坐山逢高聳多不利又貼身橫路衝
動巽艮二七衰死之氣於人丁更多不利故
楊氏抱伯道之憂。

雪堰橋宗阿松父塋 武進

田隴。三運丑山未向巽離坤橫河。自東流西未上有木橋。離宮距水最近權力最大元空五行。

（圖）

來水　去水　正水

屋尖　屋尖

未坤申　庚酉辛　戌乾亥

甲卯乙　丑艮寅　壬子癸

辰巽巳　丙午丁

九六　五二
四五　二四一
七四向　三六九　二七
二山山　八五　一八
　　　　六三

橫路　（回）

是方四二同宮不利二黑土命又四
在三運為生氣故葬後即覺財運順
利。阿松上元庚寅生適屬二黑土命
民國十四年乙丑三碧入中七赤剛
金到離八月七赤入中二黑病符到
離於是時重病幾殆穴後貼身橫路
山上排龍三碧到山得力甚微四綠
到兌逢屋尖洩氣巽離坤宮得七二、
九死衰氣故葬後迄今兄弟二人皆
未生育。

九、二、三運
間甚寒苦。
至三運勃因
然興發。因
乾湖向星
三碧也。
坎湖七赤
未見凶害。
蓋在森林
遮蔽故也。

馬山某圖董父母塋　武進

半申庚峰
（四）
山脚
乾
湖太

上

六　　二　　（四）
八　五四　一

四三　山向　九七　二
　　　　　　　　五二

八一　　七九　　三四
　　　　　九三

壬森林
子
癸遮湖
山

甲寅艮丑
乙卯
己辰巽

郁巷某君父穴　無錫東大池惠山之麓

財盛丁衰之墓

山龍九運乙山辛向在九、二、三運間甚貧苦。
因向上排龍九紫一白上了高山二黑在中
宮所致坎乾太湖坎水森林遮蔽乾水亮三
碧在乾宮三運間三碧當令勃然生財購置
良田七十餘畝被舉為邑中圖董人丁則二
三運間甚為衰落目下祇有一孫蓋山上排
龍二黑三碧下陷坎離所謂山上龍神下了
水也。

向星三碧
在坤水故
三運大發
坐山得山
星九紫死
氣故人丁
不興

橫山侯姓墓　無錫橫山東麓

山龍祖塋一運乾山巽向向星二黑在震宮適逢兩池重叠兄弟二人二運內頗發達山

壬子癸　高
子
壬
癸

九三
五八　四七
七五　向
一　山三
三六九
八二
二一
五　一二
四六九

山龍艮山坤向兼丑未三分艮
宮落脉坐山靠正高峯山上排
龍九紫死氣到山人丁衰薄幸
震山得四綠生氣尚堪添丁向
首見湖水二層值三碧令星交
會某君上元已丑生三碧木命
在三運中發財數萬金交四運
漸見衰落

祖塋一運乾山巽向圖

兩坵向星
二黑同在
震池故二
運中財運
大盛

七三　三四七　二三
五六五　山向　一二九
九一　八二　四五
　六　　七　　五

父塋二運

八三　　四一
六七　　三八
六八五　山向　二四九
一三　　九二
五六七

辛山乙向
附葬穆穴
圖

楊木橋某君父塋　無錫

財盛丁衰之墓

星一白在向首。二黑入中不得力。故人丁不盛。
辛坐山得三碧生氣不致絕望父塋二運附葬
穆穴辛山乙向二黑令星交會向首池上葬後
財運大盛富冠全村交三運漸衰退。小輩某君
在滬經營鉄業虧耗鉅萬山星二黑三碧落陷
震巽二宮致人丁不振小輩某君結禍十餘年。
膝下猶虛蓋在此也。

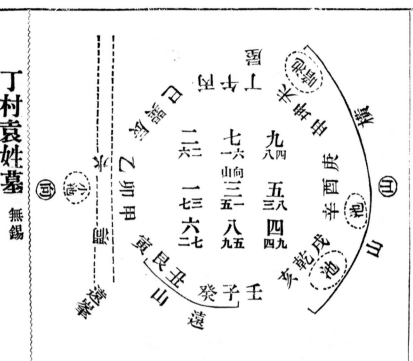

丁村袁姓墓　無錫

横山東麓平田內。離山甚近應作山龍
論。三運酉山卯向。穴前十餘丈外有澗
水橫過澗外另有一小池坤宮暗池向
上龍神三碧到向四綠到坤三運間生
旺齊收是故某君名利均佳穴後橫山
橫貫乾兌坤三宮山上龍神三碧四綠
生旺二星到乾兌主人丁與旺惜乾兌
距穴七八丈外各一池塘致變旺爲衰
某君年已半百膝下猶虛蓋在此也按
山龍坐實平洋坐空反之則丁絕觀乎
此墓可證實矣。

卷四　財盛丁衰之墓

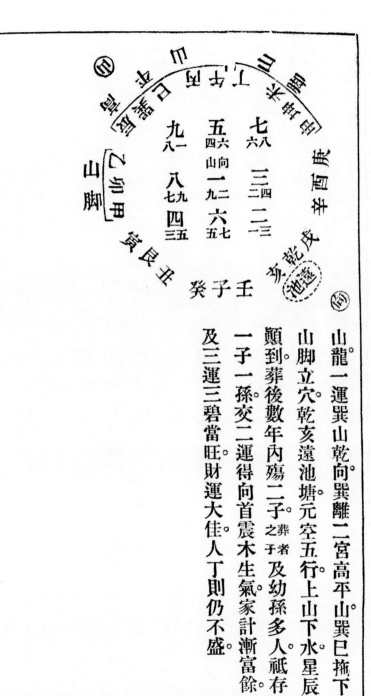

山龍。一運巽山乾向。巽離二宮高平山巽巳搋下
山腳立穴乾亥遠池塘元空五行上山下水星辰
顛到葬後數年內殤二子葬者之子及幼孫多人祇存
一子一孫交二運得向首震木生氣家計漸富餘。
及三運三碧當旺財運大佳人丁則仍不盛

三元大玄空地理二宅實驗卷五

梁溪懺悔學人著

同邑無相行人校

第五章　丁財兩盛之墓

實業大家榮宗錦 德生 昆仲之發坟 無錫

田隴在橫山北賜福堂墳西艮坤兼丑未一分三運初年用事有澗水自艮宮蜿蜒而來。繞過甲卯乙辰巽巳丙午丁至向首在申上曲折消出向首另鑒一月池未丁澗上有一石橋。橋下爲石壩澗水阻儲離宮復注蓄月池申上澗水灣轉消出處復一石壩將澗水阻積向首子壬亥方一大池塘冬令池水涸時見池底有魚背狀之砂硬自乾宮舜過山來在池之南邊脉身微伏再起折向離方行數丈結穴該墓適葬其穴。葬者是宗德二君之父自用事迄今兄弟二人連步青雲經營麵粉紗布二業二十年中於無錫、上海、漢口、濟南等處創設茂新福新等粉廠十二所復於上海、無錫、漢口、常州、創立申新紡織廠六所事業之

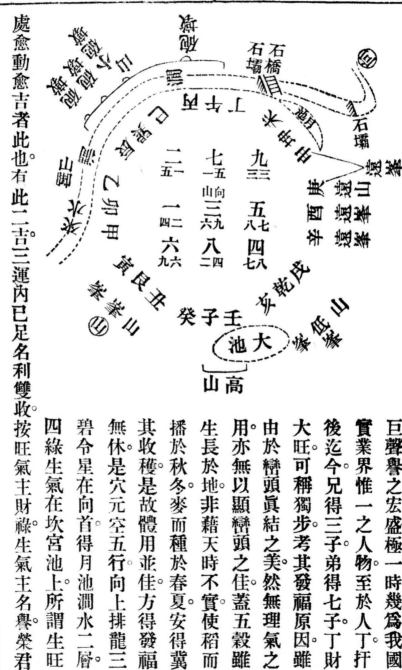

巨。聲譽之宏盛極一時幾爲我國
實業界惟一之人物至於人丁
後迄今兄得三子弟得七子丁財
大旺可稱獨步考其發福原因雖
由於巒頭眞結之美然無理氣之
用亦無以顯巒頭之佳蓋五穀雖
生長於地非藉天時不實使稻而
播於秋冬麥而種於春夏安得冀
其收穫是故體用並佳方得發福
無休是穴元空五行向上排龍三
碧令星在向首得月池淜水二層
四綠生氣在坎宮池上所謂生旺

處愈動愈吉者此也有此二吉三運內巳足名利雙收按旺氣主財祿生氣主名譽君

德生被選爲省議員國會議員蓋在坎宮一池水也五黃零神在離宮澗水儲蓄處巽宮

來水復値一白吉神生扶向首此四吉之局宜其旺上加旺矣交四運向首三碧就衰坎

池轉生爲旺離澗化零成生其發福之悠久可知山上排龍三碧在向首四綠在震澗五

黃在巽澗一白在離澗四吉全收宜其人丁之大盛矣

洞庭東山席氏發坟　吳縣

山龍在牛背山頂大龍身自坎入離子上起平圓峯向兌拖出山脚爲第二層右砂戌乾

亥另有由艮向坤之小山爲第三層右砂丑上平圓峯較子峯略高向坤拖出山脚爲第

一層右砂至乾上微高起橫過向首如踏步然止於申上寅甲卯乙高平山寅甲畧高上

半山腰間出脉起頂結成金星形圓峯向庚酉辛開面成大鉗結穴左鉗畧高穴距峯頂

約四五丈主山仍向離行至巽上復向兌拖出山脚止於丁上爲第一層左砂至丙午復

起二低峯拖出山脚止未爲第二層左砂至丁復起圓低峯向兌拖出山脚止坤爲第三

層左砂未上低山向兌拖出山脚止坤爲第四層左砂坤低山向兌拖出山脚止申爲第

五層左砂丁未坤申庚酉辛戌乾亥太湖丁未坤申湖面略小小湖中酉上小山一座爲案

發福無休。
在體用兼
得。
壞腳因離
乾六三相
尅。

祖九運葬
主穴

父一運葬
昭穴

母三運合葬
昭穴

湖

子平圓峯
壬　　癸
巳

乙卯甲
寅艮丑

六　二
八　四
　　五一
　　　六

四　　　九七二
三六　　五二七
山向

七　三一二
五六　二四九

九　五　四
七四　八三　九四

八　四
六五　二九

八　一
九三五

九　　七六
　　一向三
七六　八五八九

五　一　三
八三　六四
山向

二　一三
三六　七二六七

二六　七

　三
四九

己卯
丁

峯
己酉

團二四
乾戌

案外高山為朝。山峯尖圓正齊。辛戌乾亥湖外山峯迤邐戌乾最高向首明堂寬廣湖水
如弓背凹形湖中庚上另有小浮山二座統觀全局左右砂手層層環抱湖水案朝秀麗
有情巒頭之佳實為罕見

卯山酉向兼乙辛三分祖塋 穴主
九運葬父塋 穴昭
一運葬母塋 穴昭
三運合葬者有孫四 穴主

季過繼戚家沈氏上元一二運間兄弟四人經商滙埠長發財數十萬金次發七
百餘萬金三發數十萬金季發千餘萬金其財運可稱盛極一時三運曾孫繼興人丁亦
盛考其大發原因雖在巒頭之美然無理氣無以表揚之元空五行水裏龍神祖塋三、四、
八六父塋二、六八母塋四、三八、一諸吉齊佈乾、兌、坤、離湖水動處體用全合宜其一運
迄今發福不替也

按祖塋離乾二宮六三金木相尅木為肝為足曾孫某君壞腳或在此因姑誌之以待研
究焉又按乾坤艮巽子午卯酉為天元卦此卦元空生旺吉神在水裏動處其吉更勝他
卦今觀榮席二墓此說可以證實矣

金窩朱姓墓 洞庭東山

丁財兩盛之墓

乾兌太湖。
佈著向星
三四應發
福於三四
運間故初
葬大敗。

卯甲寅艮丑癸子壬亥均由主山拖出山脚及平低山爲護砂乾戌辛太湖湖外山峯迤

巽峯落脉葬在半山穴前三丈餘地形卽行低陷明堂寬廣左丙午丁未坤申庚酉右乙

邐向首湖中小山一座爲案外山峯爲朝。

體形極佳一運巽山乾向扞後葬者之子困

窮不堪將房產變賣殆迨二運下十年葬

者之孫經商滙埠逐漸順利交三運連步登

雲二十年內發財廿餘萬金蓋地局雖美須

合理氣方得發福向首挨得三碧兌宮四綠

初葬時值一運三爲零神四爲死氣故葬後

一寒如洗交二運三碧轉零爲生四綠化死

爲零自應漸有起色及三運生者轉旺零者

變生吸得生旺二氣自然直上雲梯矣人丁

不旺亦不衰。
葬者之孫
現有二子
以其坐山一白鎮座二三四挨在平低山也。

主山拖下山脚

（中央圖內數字）
七八　三四　二三
　　　三七
五六　　　一二
五山　一九　六四
　　　　　　七八
九一　八二　四六
　一八　四
　二九　六五

長大廈陸姓墓　無錫

艮乾水裏。
得山向三
碧故三運
間丁財兩
興。

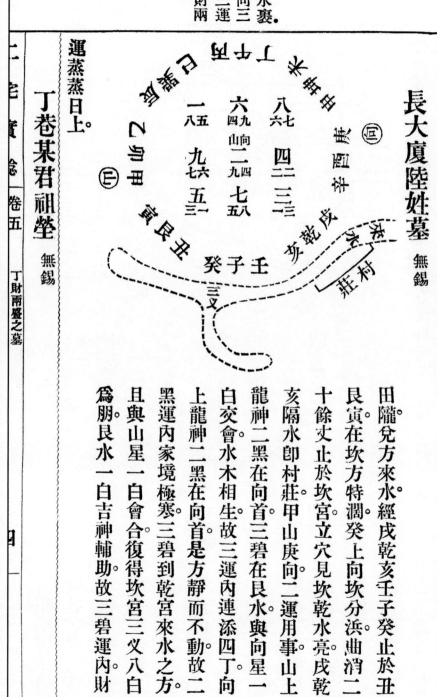

八七	四二	三二
六九 山向 二四	七八	
一八	九六	五二

運蒸蒸日上。

丁巷某君祖塋　無錫

田隨。兌方來水。經戌乾亥壬子癸止於丑
艮寅。在坎方特潤癸上向坎分浜曲消二
十餘丈止於坎宮立穴見坎乾水亮戌乾
亥隔水郎村莊甲山庚向二運用事山上
龍神二黑在向首三碧在艮水與向星一
白交會。水木相生故三運內連添四丁向
上龍神二黑在向首是方靜而不動故二
黑運內家境極寒三碧到乾宮來水之方。
且與山星一白會合復得坎宮三义八白
為朋。艮水一白吉神輔助故三運內財

向首得三
碧旺水七
層更逢巽
坤八一助
吉故得丁
財俱盛．

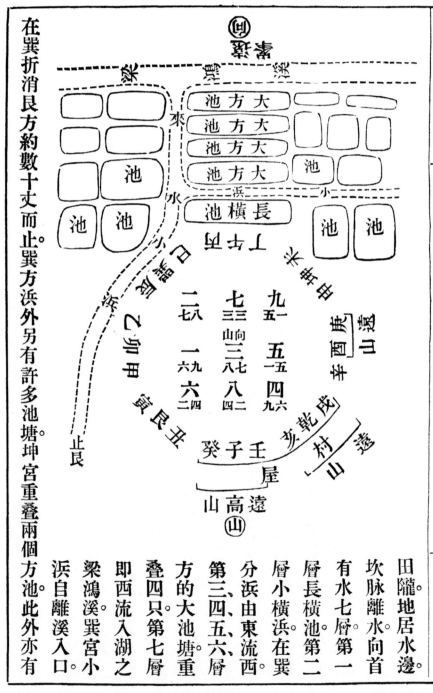

在巽折消艮方約數十丈而止巽方浜外另有許多池塘坤宮重疊兩個方池此外亦有

田隴地居水邊。
坎脈離水向首
有水七層第一
層長橫池第二
層小橫浜在巽
分浜由東流西
第三、四、五、六層
方的大池塘重
疊四只第七層
即西流入湖之
梁鴻溪。巽宮小
浜自離溪入口。

許多池塘。蓄魚的均是墓地左浜右池。如凸字形大陸之氣行至水邊而止穴地之凸出處。

衆氣匯集立穴在凸脛衆氣收束之處。其氣之足可知矣子午兼癸丁山向三運初年用

事葬後某君在滬學習烟紙業克勤克儉不久自已經營糧食業叠遇良機會未及十年

發財四十餘萬金人丁亦與以其地局之美復得元空五行之合宜方臻如此其遠祖葬

在左近則未見如何特殊。蓋在葬時元空五行之不合此亦葬天說之一證也。

鐵業巨商張某發坟　無錫

田隴在張巷後背有坎澗直衝至坐山折而向震經壬子癸在丑艮寅復折向離經甲卯

乙止於辰巽巳。在巳丙之間另環抱如鈎辰上有石壩將水分儲震宮祖塋二運乾山巽

向兼亥巳三分向上排龍二黑到向九紫到山澗水衝來生扶向首巨門土經云從外生

入名爲進者此也父塋三運原向附葬昭穴元空五行令星顚倒妙在坐空朝空不生危

險問題。當於此可知玄空用法二十四山向個個可用。無庶須巒頭理氣配合得宜耳。向上龍神一白到向三碧在坐山

澗水衝來處三運內張某任滬上某鐵號經理叠遇良機發財數十萬金被選爲鐵業公

會會長交四運辭去本兼各職改就他業聞二三年來處處多不如意蓋三碧就衰四綠

張門灘臧氏墓　無錫

二運
祖塋
主穴

田隴大水自兌至震橫過坤離巽三宮。在坤上三叉向南分浜。在巳巽大三叉向北分浜。

三運父
塋附葬
昭穴挨
星圖

九一	五四	二三
八	六	三
七六	山三二	八七
向四	九	
二一	一二	六五
三	九	七

旺氣在坤兌不得力也。山上排龍
祖穴二黑到山四綠到向父穴五
黃在山三碧在向二三運間生旺
全收故人丁佳利丙寅流年二黑
入中一白到向於是年慶抱孫焉

丁財兩盛之墓

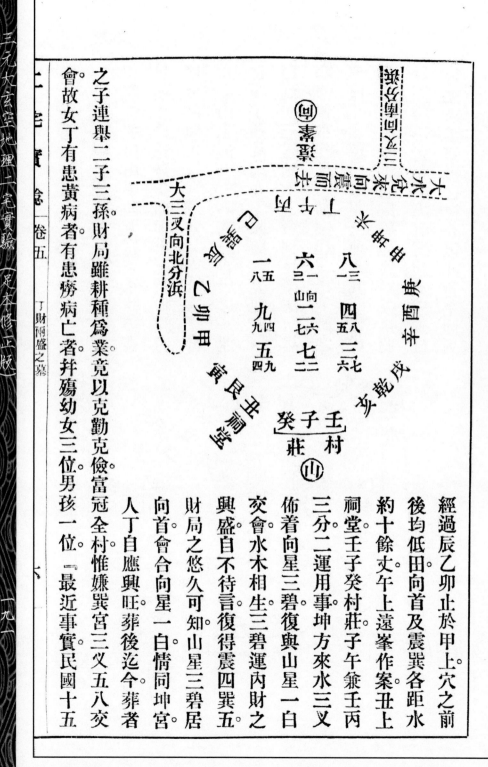

經過辰乙卯止於甲上穴之前後均低田向首及震巽各距水約十餘丈午上遠峯作案丑上祠堂壬子癸村莊子午兼壬丙三分二運用事坤方來水三叉佈着向星三碧復與山星一白交會水木相生三碧復得震四巽之興盛自不待言復得震四巽五財局之悠久可知山星三碧居向首會合向星一白情同坤宮人丁自應與旺巽宮

之子連舉二子三孫財局雖耕種為業竟以克勤克儉富冠全村惟嫌巽宮三叉五八交會故女丁有患黃病者有患癆病亡者幷殤幼女三位男孩一位「最近事實民國十五

年丙寅三入中二黑至巽四月八入中七赤至巽有女丁患癆病亡者」

張村惠榮法祖塋 無錫

田隴一運庚山甲向巽宮來水繞經震
艮坎止於乾宮在卯甲上三叉特潤向
坎分浜即止艮宮登穴見震艮坎三宮
水亮山上龍神一六八三吉居之一運
迄今子孫綿綿人丁頗與水裏龍神一
白到向三碧到坎五黃到艮榮法初甚
寒苦習水作業以勤儉起家其子繼之
卒成小康望重鄉里三運末其妻及媳
葬辰山戌向新地長孫某近年吸食鴉
片開蕩不務正業大有將祖父以勤儉
得來家業罄盡之概茲以其新塋圖列

後藉資研究。

惠氏新塋圖

張石山榮氏塋　無錫

來水

三運辰山戌向。未坤申來水經
庚酉辛戌乾亥在壬子癸三叉
分浜一止於艮一止於坎離宮
另有自西流東之大塘河橫過。
登穴但見坤兌乾宮水亮離坎
艮三宮距水甚遠水裏龍神向
首雖得三碧令星惜不敵坤兌
來水七二死衰之氣且今巳四
運。三碧衰退而坤兌七二復合
出先天火致向首三碧洩氣宜
其敗之速矣。

中宮七四
交會因金
墩高而有
殤小口之
應。

坎來龍丑上起峯落脉拖下山脚二十餘丈。在平地立穴乾亥遠峯午丁小池坤申大池。

巽巳
丙午丁
未申坤
乾戌
辛酉庚
卯甲乙
寅艮丑
癸子壬

丁山
癸子壬炮墩
坎遠峯
坤遠峯
巽遠峯

七四　三九　二三
五二　山向　一七　六三
九五六　八六五　四一

一運丑山未向元空五行。一白交會坐山。
山星三碧佈在乾亥遠峯二三三運內小房
人丁甚佳長房無後離池挨着向星二黑。
兄弟二人葬者之子操舟為業間往返錫滬家境信船
寒苦葬親後漸次順利二運二十年內獲
利極豐交三運水輪鐵道相繼通行船業
驟衰退守安享天年正值二黑就衰時也
小輩經商滬埠雖無如老輩之蒸發惟克
勤克儉皆有致富氣象以其坤池佈着四
綠生氣也甲子交中元四運向首化生為

旺近數年間小房兄弟三人蒸蒸然有駕乎老輩之上矣
中宮七四金木相剋金墩甚高向首池水四七交會二三運內小口時有夭殤者蓋在乎

此。

張村徐姓墓 無錫

田隴三運辰山戌向未坤申來水。經庚酉辛戌乾亥至壬子癸三叉分浜。一止於艮。

來水　　向　三叉

未坤申　丁午丙　辛酉庚

乾戌　亥　癸子壬　巳巽辰　乙卯甲　寅艮丑

九五七　五九二　四三一

七九　山向　三四　八六

二五　一六　六八

於坎登穴見艮、坎、乾、兌宮水亮，山上排龍乾、坎、艮、得一、六、八、三吉，扞後人口頻增。○得葬者一子，得〔連添四孫〕水裏排龍三碧旺氣，〔丁頻於〕〔未收到旺氣·亦於〕此星之有力也。水〔一六八向首〕到向八、一、吉星到坎艮。故財運亦頗順利。〔坤水稍遠·若不見水光·為害力微·兌〕

吉此足證·有〔一六八〕

坎宮艮有權力之八一向首吉氣·故得財運

坎二黑衰氣·不敵三碧旺氣及

利順。

三十丈處同在三運同一山向，向首同得三碧旺星，一則見坤水破軍死氣而敗，一則見

按是墓在惠氏新塋〔前頁一之北二〕

水裏逢五
吉而大發。

坎艮水八一吉氣而與觀此可知傍六宮之助吉助凶關係至為重要。

在劉巷後。一運癸山丁向壬子癸來龍平地起一大墩。葬於墩前右側。

鐵業巨子唐晉齋發坟　無錫

盆右罷
丘山

澗　漾　　回

辛酉庚
亥乾戌
丙午丁（半山）
坤申

九　五六
八四七　四九二

七三
三八三
二四　二七

五一　山向　一六五
六二九

壬峯
癸子
高墩罨峯
峯山

乙卯甲
寅艮丑
丘峯山

依墩之西南隅 兌宮

貼身一深澗自乾宮屈曲而
來至坤成月形池折而至離
再折至巽開漾復收縮成小
灌曲折消出扦後在滬經營
鐵業發財數百萬金為鐵業
巨擘自一運迄今發福無已。
人丁亦頗與盛蓋元空五行
四、三、八、一、六佈在乾、兌、坤、離、
巽、澗水活動之方五吉全收。
可稱厚德載福者矣。

雜糧巨商梁某發坟　無錫

向首得三
碧旺水更
逢坤水一
白助吉故
葬後即發。

丙峯山
辛酉庚山
戌乾亥山

辰巽巳山
甲卯乙山

丁
丙午
未坤申
庚酉辛
戌乾亥

九
五一
五
五四
四六
七三　山三七向　三八
八二
四九
二八
一六九二
六四

壬山
子峯山
癸
丑艮寅

嶧峒灣小山頭艮龍轉坎入離伏後復
向丁未起低峯一座立穴在巳伏未盡
之處穴後靠實來龍氣勢雄壯震巽二
宮另從艮龍分出一脉乾兌諸巒別一
山脉丙午五里湖水坤申太湖汪洋可
觀三運子午兼癸丁山向山上龍神四
綠生氣到山人丁甚興水裏龍神三碧
旺氣到向吸得五里湖水一白吉星到
坤湖生扶向首旺上加旺葬後梁某者葬

榮巷鎮某君父塋　無錫

青雲直上經營雜糧業獲利頗巨。

嶧峒灣東山麓三運艮山坤向兼丑未三分大龍身由艮轉坎入離震宮中腰落脉斜依

三運發財。
因向星三
碧在坤湖。
三四運之
交添丁頻
頻在震峯
得山星四
綠六白命
小兒夭折
在中宮九
六相剋及
勤五黃葬
太歲等關
係。

來龍立穴坤宮遠見太湖。山上龍神三碧令星落陷坤湖。四綠生氣在震峯。初葬時人丁

不與　起初連丁　迫三運末震峯得力始得添丁
生女丁

甲子入中元四運四綠轉旺數年來兄弟數

人添丁頻頻水裏龍神三碧旺氣到向三運

間某君任滬上某紗廠賬職財運極佳其兩

弟亦皆順利某君次子上元壬戌一民國十生

六白金命中宮九六火金相剋此墓本不利

此兒癸亥二民國年十大寒節內葬者之妻合葬。

查癸亥年五黃入中中宮不宜動土而偏偏

拆卸金墩太歲在亥右穴不宜合葬而偏偏

葬在亥方未及一月。

按俗例大寒節內不避神煞因其新舊交卸無暇管及今觀此墓靈異神速似乎大寒

內亦宜留意也。

該兒即重病夭折

甲子年正月初三殤

二五　　七五　九三
一四　　三六九　五八七
六九　　八四　四八七
　　　　一二
　　　　二五
　　一山　向三

辛酉庚　申未坤　丁午丙　巳　乙卯甲　寅艮丑　癸子壬　亥乾戌

還山　山　向

姚灣韓姓祖坟　無錫

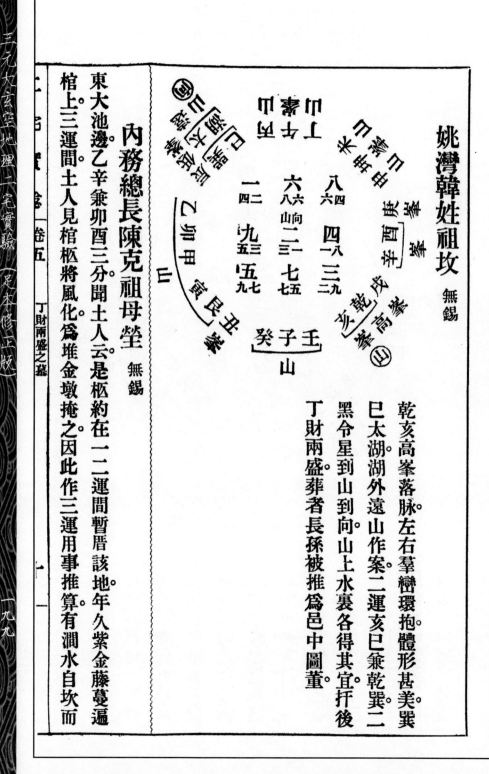

申山庚峯　兼峯
辛酉戌峯　乾亥高峯　田
巳峯　印笏水金峯
丙午峯
巽辰峯

庚酉辛

戌乾亥

壬子山　癸

乙卯甲寅艮丑　山

四六　八六四
四八　二三向　二一三一
六山　二七　七五
一四　一二
四九三　五五七　九

乾亥高峯落脉。左右羣巒環抱。體形甚美。巽
巳太湖。湖外遠山作案。二運亥巳兼乾巽二
黑令星到山到向。山上水裏各得其宜扦後
丁財兩盛葬者長孫被推為邑中圖董

內務總長陳克祖母塋　無錫

東大池邊乙辛兼卯酉三分。聞土人云。是柩約在一二運間暫厝該地。年久紫金藤蔓遍
棺上。三運間土人見棺柩將風化為堆金墩掩之。因此作三運用事推算有澗水自坎而

其發福在
乾兌坤水。
遇四三八。
生旺吉氣。
能爲總長
一度。因離
宮來路値
一六同宮。

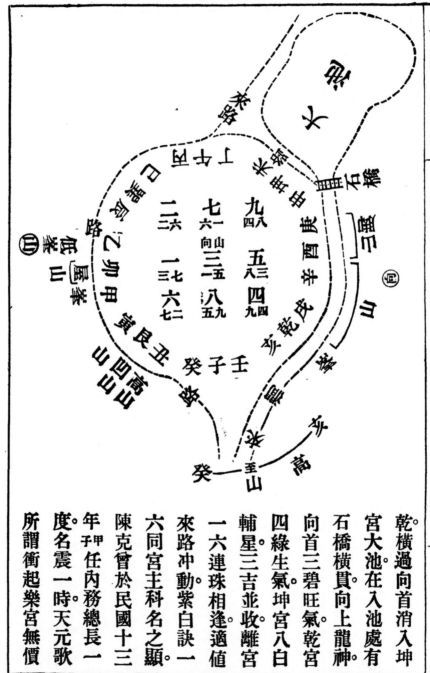

乾。
橫過向首消入坤
宮大池。在入池處有
石橋橫貫向上龍神。
向首三碧旺氣乾宮
四綠生氣坤宮八白
輔星三吉並收離宮
一六連珠相逢適値
來路冲動紫白訣一
六同宮主科名之顯
陳克曾於民國十三
年子任內務總長一
度名震一時天元歌
所謂衝起樂宮無價

二宅寶鑑　卷五　　丁財兩盛之墓

寶者此也

鄭巷周姓墓　無錫

麵粉巨商楊某祖坟　無錫楊巷

申未　山

乾峰

庚　酉　戌亥

辛

戊　乾峰

乙　辰巽巳

卯甲　寅　艮丑

癸　子　壬暗廟

池　廟　山

村屋　艮　山屋

甲上峰尖

九　五　一
五　一　五
一　四　九

七三　山二　向三
山二　三八　八四
八四

二八
一六
六二

田隴在宋帝廟前三運子午
兼癸丁三分坎宮暗池挨着
山星四綠生氣人丁利而不
旺。因是艮池排得向星四綠
生氣兄弟三人之子葬者外場面
甚佳內力則不足因未吸甲
子交中元四運艮池化生為
旺聞甲子乙丑以來長兄驟
然大發云云

山龍。在蓮花山麓癸丑起峯落脉左右拖
出山脚為護砂辛上有小凹風丙午丁未
五里湖水靜照有情湖外遠山阻繞蒼翠
若屏二運癸丁兼丑未三分山上龍神二
黑九紫到山火土相生二運間人口叠增
水裏龍神一四到向三一到坤生旺之氣
全在活動之方所謂葬著天心發豈遲者
此也三運內楊某經營麵粉事業連步登
雲大獲厚利富冠楊巷全村而在三四運
之交尤為發達長子弱冠天殤或因兌宮

汕花巨商徐某發坟　無錫徐巷

凹風八五六三交會使然。

山龍。在鏵嘞灣小山頭丑癸來龍立穴近山頂坐靠丑癸低峯聞土人云該地掘土二尺

葬在石中。
因元空五。
行之合宜。
亦得發福。

餘。深即見石。排在石間鑿成一壙壙底填泥數寸用事丙午五里湖坤宮太。湖三運丑未
兼癸丁扦後葬者次子經營油花事業益獲厚利同業稱為油花大王近年更別出心裁

九六一
五四
五二一六

七四三向
二三山
三六九七
八一五二

二八七
一八七
六九
一六三二四

辰巽巳 丙午丁 未坤申 庚酉辛 戌乾亥

亥山 壬山 子山 癸山 丑艮山 乙卯甲寅山

丁財兩盛之墓

創辦某紗廠利用廢花製造出品獲利豐厚。
按水裏龍神三四到離一六到向眾吉滙集
水裏宜其發福於三四運之間也山上龍神
艮坎二宮得三碧四綠一白生旺吉氣是故
人丁亦佳惟嫌向首六九會合主血症及長
房欠利葬後次子屢患吐血症長子未放特
彩。蓋在乎此。
按吾邑地師對於山龍用法主葬淨土切
忌石排是墓則偏偏葬在石中而大發於

此可知發福與否全在玄空之得失而土與石之分別不與焉
『註』石脈亦有有氣無氣之別如下穴於幻石無氣之地凶禍立至閱者須以切實考

驗解決此事。

鐵業巨商榮某昆仲發坟　無錫

田隴嶂峒灣口賜福堂墓後一運酉山卯向離
宮有大池塘佈着元空五行三八為朋。一運中
甚寒苦。二運得離塘三碧生氣家計漸富餘三
運離塘化生為旺兄弟二人之孫經營鐵業發
財數十萬金人丁亦平穩。

一運葬。至
三運而發。
因離池得
向星三碧
也。

舜過山五龍岡榮姓墓　無錫

七六　三二　一三九
五八三　向　一三六　四六七
山
九七四　八六五　四二九

丁未　午丁　坤申
庚酉辛
乾峯低峯　戌　低峯
壬峯
子山
癸
卯甲低峯
乙低峯
寅峯
艮丑
巳巽
辰
人丁

向首得三
碧當令之
凹風而發。

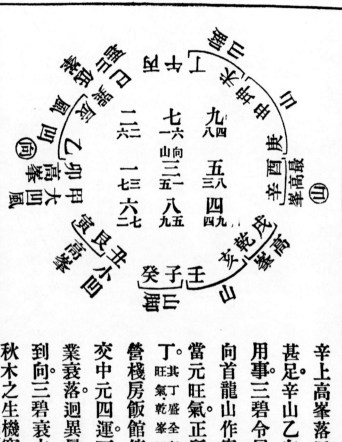

榮巷鎮榮椿年先生墓　無錫

辛上高峯落脈。左右有深澗。土色紅活龍氣

甚足辛山乙向兼酉卯三分三運民國七年

用事三碧令星到山到向坐山靠正最高峯。

向首龍山作案甲乙上二處凹風吹來三碧

當元旺氣正所謂吹起樂宮者扞後連添數

丁。其旺氣。乾峯四綠生氣。財運大佳在滬經

營棧房飯館等業蒸蒸日上獲利殊豐甲子

交中元四運三碧凹風衰退聞近數年來營

業衰落迴異曩昔丙寅流年二黑入中九紫

到向三碧衰木再逢九火洩出營業益衰入

秋木之生機窒息飯館因虧耗而歇業焉。

田隴嶧焴灣口賜福堂墓側有澗水屈曲衝至乾宮橫過向首至坤宮曲折消出庚上有

因乾兌來
澗得四三
生旺之氣
而大發。

（同）

壩橋

遠峰

辛酉庚　半山甲　乾戌亥

九八　五三　四
　　四九
七六　一五　八　山向
三一　三五　八九
二六　一　三
三七　六二

素　卯山　酉向

乙　甲卯　

寅艮丑

巽巳

丁午丙

壬子癸
高山

峰　峰山遠

旺財運益振。乙丑夏間長子出任常州某紗廠要職。可知生旺二氣之主名利信不誣也。

石橋。橋下有土壩艮方另來一小澗。

經坎宮在乾方與乾澗會合。

小至坎宮稍放闊。至乾復狹小。三運卯山酉向。三碧令星到

（是澗在艮甚狹　椿先年葬。及椿年合葬時。其次子巳被選爲省議員。其次）

子巳被選爲省議員。其次

山到向。坐山雖無池沼而坤宮得山

星四綠生氣是故人丁順利向首過

水被阻於壩橋水止氣聚吸足當元

旺氣因此財運甚佳乾宮向星四綠

生氣二水交會潑有情自有名譽

大振之應次子被選爲省議員歷任

開原鄉鄉董兼任某紗廠協理名震

全邑交甲子中元四運。乾宮轉生爲

葬者孫女。上元光緒廿九年癸卯生。八白土命是墓向首山星八白土受尅於向星三碧木民國十五年丙寅二入中四綠木到向三月九入中二黑病符到向於是時重病不起。是亦因命宮受尅而致殤之一也。

做苦工葬得五吉而發橫財之墓　武進雪堰橋陳姓

蛇山東麓大龍身由乾至巽庚申坤未丁午丙巳一帶平山峯從坤腰拖下山脚立穴乾亥暗池壬子癸池塘丑艮寅弓形池塘丑上另有澗水節節有壩向震淌出艮寅上另有一小池甲卯大池塘乙上小池辰巽太湖二運坤山艮向坐山山星雖係五黃死氣妙在午峯三碧生氣故二三運間添丁頻頻連舉六子是葬者之孫尚有天殤者未計在內葬者原本一子猶向星乾池六白坎池一白艮池八白震池三碧巽湖四綠五吉全收非其人宿福無是巧也陳某本家貧無立錐地賴扒河泥及幫助農家做工以圖生亡向農家乞地埋葬不數年在河泥中扒得白鏹數甕遂置辦田產房屋爲一方之富翁現陳某已過世其子尚有良田百數十畝兄弟六人均勤儉不替坎池一四同宮主出秀士惜小輩皆不讀書故未放特彩。巽湖四七同宮自二運迄今共殤小口二十餘人之多。

三元大玄空地理一完實驗（足本修正版）

二宅實驗　卷五　丁財兩盛之墓

二〇七

做苦工葬
得五吉而
發橫財
因巽湖四
七致殤小
口二十餘
人之多

八二
五

四七
一三六

六三九
山二 向二八五
一七 四一

一七
九三六
五二八

壬子
癸
遠峰

乙卯 甲寅 艮丑
山還
池木
池
池 澗水
池

毛竹橋張姓墓 無錫

田隴。在橫山北賜福堂墓西二運乾巽兼亥巳三分有艮澗在震宮來橫過向首至離宮

按是墓二運上山下水星辰顛倒
原主丁財兩敗而偏偏丁財兩旺
此可知大玄空之用法元元各向
可立全在體用配合得宜又按葬
得五吉佳地其子孫雖目不識丁
以苦工為業亦得橫發致富觀此
益可證實人事之興衰其權全在
墓地吾人誰無生養死葬對於葬
親之事可不慎哉

南獨山周立本父塋　無錫

向坤屈曲消出。初葬時甚寒苦迫
三運左近榮氏造坟將澗水在乙
上築壩橋丙午上築石壩節節阻
止另在甲卯上鑿一月池震宮水
情最佳適值向星三碧旺氣三運
內張姓父子各任紗廠優職發財
數萬金兌宮庚上重疊池塘六個。
宛若聯珠挨着八白輔星離水六
白吉星發福悠久惜艮池七九會
聚美中不足，丁不利。蓋在乎此。山
星向首得四綠震宮得五黃四五
運間人丁可盛

（曾有咯血症及女不利）

二一一

做縫工。因
小澗逢五。
吉而致富。
長房因乾
湖九六相
尅而未發。

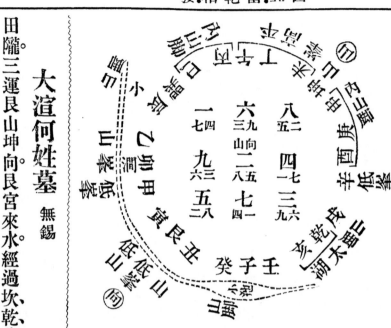

八二
五
四七
三六
六九 山向 二八 七
三九 二五
一七 四一
九三 五二

山龍坤山艮向。巽方來小澗經震艮至坎開
漾成小池復收縮消入乾宮太湖乾亥上見
湖水向星巽四、震三、艮八、坎一、乾六還宮復
位五吉齊收三運內立本以縫工手藝致富。
長房葬者則未發且父患目疾子目瞎乾湖
六九會合火金相剋原主長房不利又九為
目玄空秘旨云離位缺陷而目瞎目疾瞎子
或在乎此午丁高峯排着山星三碧故三運
內人丁極興

大渲何姓墓 無錫

田隴三運艮山坤向艮宮來水經過坎、乾、兌坤、宮而入五里湖。在坎宮大澗漾分浜一向

坎消約數十丈而止一向乾屈曲而去元空五行三碧令星交會向首何氏素寒苦葬後

馬山馮姓墓　武進

因坎宮闢
漾四二木
土相尅致
室有欺姑
之婦因艮
宮來水九
六火金相
尅致有回
祿之災。

「登穴祇見坎艮坤水亮而在
夏秋之時猶被桑樹遮蔽」

壬　子　癸　丑　艮　寅　甲　卯　乙　辰　巽　巳　丙　午　丁　未　坤　申　庚　酉　辛　戌　乾　亥

九三　五七　四八
七五　向三六　八二　四
一山
二五　一二　六六　一四　六九

丁財兩盛之墓

丁財並佳坎宮貼近大澗漾值四二
同宮四運財局饒有厚望惟二為老
母四為長女坤母受制於巽女主室
有欺姑之婦是故何某妻侍姑甚忤
逆其媳亦如之世之關心風化者能
於此處研究亦未嘗非挽回頹風之
一策艮宮來水逢六九會合聞小輩
中有患吐血症者民國七年戊午一
入中四綠巽木到艮是年住宅失慎
盡毀於火所謂火若尅金兼化木數
經回祿之災者此也

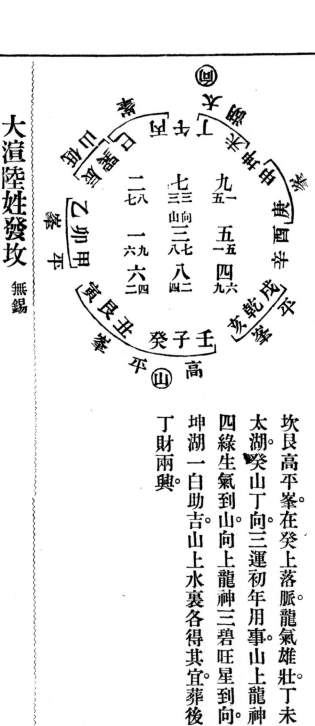

坎艮高平峯在癸上落脈。龍氣雄壯丁未
太湖。癸山丁向三運初年用事。山上龍神
四綠生氣到山。向上龍神三碧旺星到向。
坤湖一白助吉。山上水裏各得其宜。葬後
丁財兩與。

大澂陸姓發坟　無錫

山龍在南獨山龍身由坎入離震宮起峯落脈。龍氣雄厚庚酉池塘戌乾太湖二運甲山
庚向扦後葬者子經商姑蘇財運甚佳漸開設顧繡莊生涯頗盛獲利豐厚以其向星二
黑三碧生旺二氣在兌乾活動處也三運葬者之子過世附葬親塋之下卯山酉向三碧

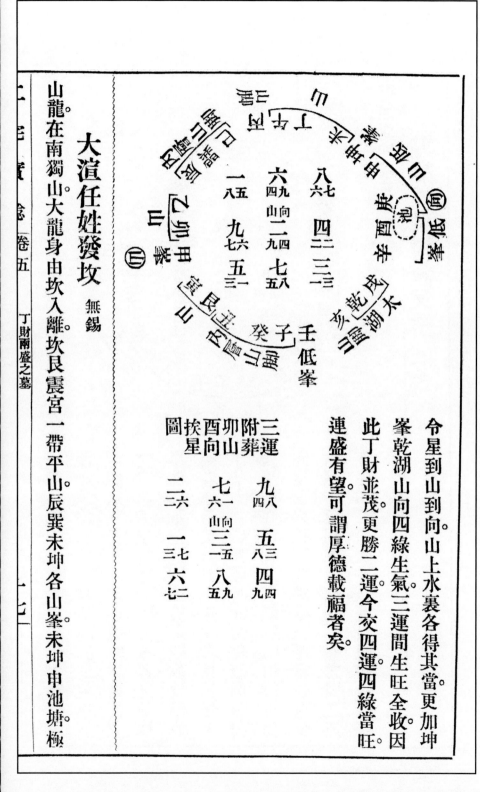

令星到山到向。山上水裏各得其當。更加坤
峯乾湖山向四綠生氣三運間生旺全收。因
此丁財並茂更勝二運今交四運四綠當旺。
連盛有望可謂厚德載福者矣。

大渲任姓發坟　無錫

丁財兩盛之墓

山龍在南獨山大龍身由坎入離坎艮震宮一
帶平山。辰巽未坤各山峯未坤申池塘極

三運
附葬
酉山
卯向
挨星
圖

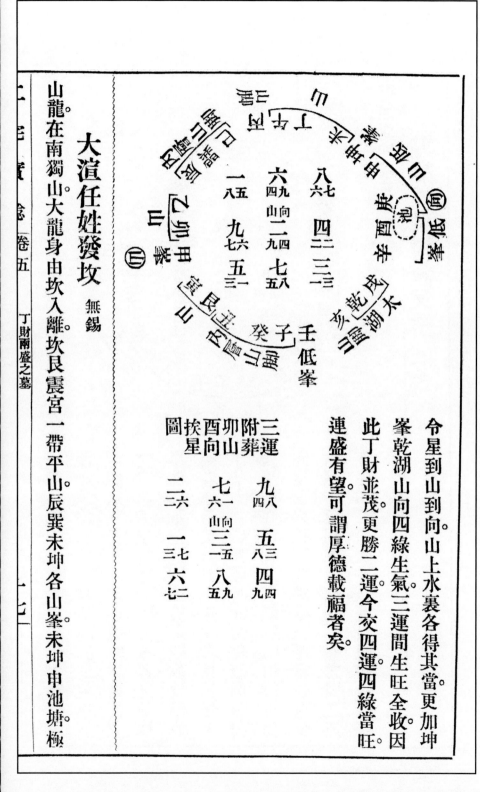

復加巽坤峯八一助吉。

雪堰橋吳樸誠父塋　武進

深淵。終歲不涸。逢天雨有山水在穴前
流過滙儲坤池艮宮落脉其地泥色紅
潤龍氣甚佳。在脉之靈處斜靠來龍立
穴二運子午兼癸丁。扞後葬者之子被
舉爲圖董三運間開設京廣雜貨舖於
榮巷鎭營業盛冠全鎭葬者長孫任天
津某大紗廠要職其餘諸孫個個順利。
人丁亦旺盛查其發福緣因由於坤池
向星三碧在二運爲生三運爲旺復與
山星一白相生之故其丁盛之因二運
在坐山二黑交會三運艮龍四綠生氣。

卷五

丁財兩盛之墓

八二　四七　三六
六三　二八五　七一四
一七　九六　五二

山向

乾山
壬　子　癸遠峯
甲　卯　乙　寅　艮滋峯
丑　申　坤　未

太山渓

連出三舉人之墓　無錫南獨山周

乾隆四運艮山坤向兼丑未三分大龍身由坎入離轉入坤兌。在丑艮寅甲起峯寅甲略

高左右山脚爲護砂丁未庚山峯坤申案山四圍戌上略見湖水在艮寅山腰落脉結穴

蛇山東麓大龍身由乾入巽坤上中腰落脈。

申坤未丁午平山峯艮寅兩池重疊卯乙辰

太湖申山寅向二運末葬吳氏素家寒無恆

業。自葬親後家計漸富餘。在申開設某照相

館生涯甚佳人丁亦與葬時上山下水二黑

令星顛倒巧。在爲時無幾即交三運離峯震

湖三碧旺星山上水裏各得其所宜其丁財

兩興於三運矣。

連出三個
舉人在巒
頭之美與
向首四一
同宮逢積
水低田所
致

巨商榮瑞馨之祖墳　無錫

嶭喇灣北山石子墩艮坤兼丑未三分一運同治九年葬。艮上高峯落脈。葬在脈之盡處。

左右峯巒環繞未坤申遠見太湖湖外遠山為案午上遠見五里湖水圓亮若鏡扦後葬

【羅盤圖】

外圈方位：申　庚酉辛　戌乾亥　壬子癸　丑艮寅　甲卯乙　辰巽巳　丙午丁　未　山脚　見凹水　見兜

乙卯甲山　坤申向　辛酉庚向　乙辰巽巳向　癸子壬山

中宮飛星：

一四　六八　五六
　五　　　九
八三六　山向　四七一九
二五
三八　二九三　七七四
三一

成窩形立穴在窩下丈餘處。穴前十餘丈之下。低田積水。全局最得力處。在此田水。復在玄空之四一同宮。統觀全局巒巒環抱。狀若氈帽體形佳極扦後葬者之子周鎬鄉試乾隆乙亥科舉人歷任浙江衢州、嚴州、寧波、嘉興、紹興等知府其後復出周稱山已酉科舉人周蓮舫道光丙午科舉人其妙在巒頭眞結更加向首理氣之四一交會。屬戌湖九紫。與向首四綠。同紫白訣云四一同宮準發科名之顯信不虛也。

能大發。在
體用兼得。
殤八白土
命之人在
離湖三八
相剋。

者之子秉之、季平經商大發富冠榮巷全鎮。鄉人稱爲十萬翁人丁亦與考其發福緣因。
無非體用兼得元空五行一白令星交會向首湖水案山助吉宜其在一白運內大發也。

剋金金剋木木剋土重重剋入竟於是日病歿。

巽巳

丙午丁

庚酉辛

戌乾　山

癸子壬　山

艮寅

甲卯乙

辰巽巳

七一　三六　二六
五八　一七　四六
九三　八九　四七

山向

午水排着三碧在二運爲生氣三運爲旺
氣。二三運間季平子瑞馨聲譽大振爲商
界巨子三運中經營紗廠業家資增至百
萬。惟秉之子未放特殊精彩蓋又有新塋
關係也。
秉之次子光緒十年甲申生命宮屬八白
土。按離宮五里湖動處是三碧木剋八白
土。光緒三十三年丁未三碧入中宮七赤
金到離正月五黄入中九紫火到離二十
二日甲寅六入中。一白水到離水剋火火

馬山馮氏墓 武進

因丙湖七
九會合而
殤女丁。

二　　　
六　

乾山巽向得水宜丙

九七五　五三九
七九四三　三八六
二三一　六四八

壬峯癸四

寅艮丑

乙卯甲

山龍。三運戌山辰向戌上高峯落脈。左右山峯
環繞巽巳丙太湖辰上低峯作案元空五行令
星到山到向三運丙丁財俱盛惟丙湖七九會
令主亥丁欠嗣　　　　　二個運在亥丁。

西頭巷丁姓墓 武進馬山

午丁未高峯起頂落脈龍氣雄壯戌乾亥壬子
癸丑太湖爻穴一運未山丑向母穴二運

陽宅實念　卷五

丁卯胡盛之墓

父穴　一運　未山　丑向

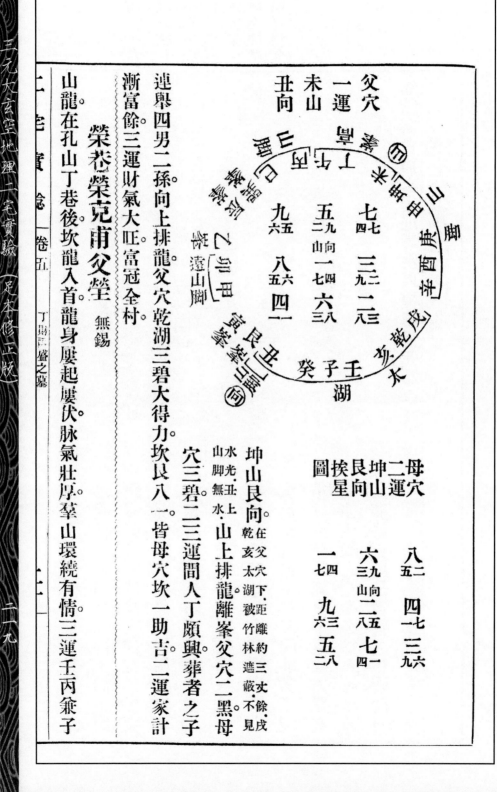

連舉四男二孫。向上排龍父穴乾湖三碧大得力。坎艮八一皆母穴坎一助吉二運家

漸富餘三運財氣大旺富冠全村

榮巷榮克甫父塋　無錫

山龍在孔山丁巷後坎龍入首龍身屢起屢伏。脉氣壯厚羣山環繞有情三運壬丙兼子

母穴　二運　坤山　艮向　挨星圖

坤山艮向。在父穴下。距離約三丈。餘。戌乾亥太湖被竹林遮蔽。不見水光。丑上山脚。無水。山上排龍離峯父穴二黑母

穴三碧二三運間人丁頗與葬者之子

初葬時不
得意在向
首二黑衰
水後來大
發因坤湖
四綠得令

午三分。山上龍神三碧令星到山人丁頗旺。水裏龍神二黑衰星到向丙上略見五里湖

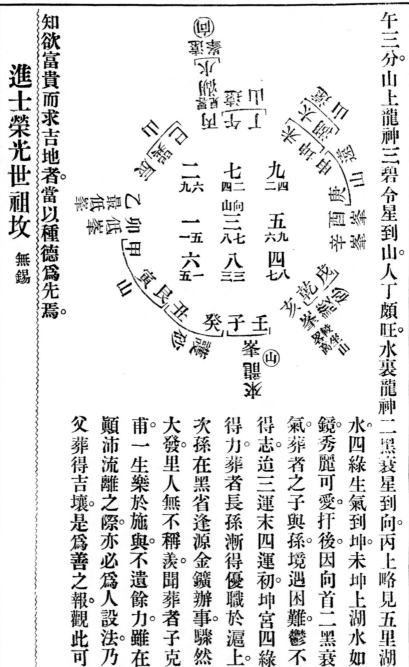

進士榮光世祖坟　無錫

知欲富貴而求吉地者當以種德爲先焉。

水四綠生氣到坤未坤上湖水如
鏡秀麗可愛打後因向首二黑衰
氣葬者之子與孫境遇困難鬱不
得志迨三運末四運初坤宮四綠
得力葬者長孫漸得優職於滬上。
次孫在黑省逢源金鑛辦事驟然
大發里人無不稱羨聞葬者子克
甫一生樂於施與不遺餘力雖在
顛沛流離之際亦必爲人設法乃
父葬得吉壤是爲善之報觀此可

出進士全
在離水一
六同宮

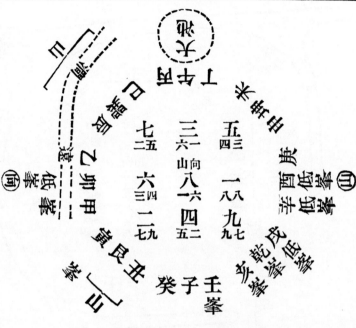

匡橋蘭峯邵姓母穴　無錫楊墅園

五三　一八　三六　七二
四一　九七　山八　六四
　　　　　　向　　二九
　　　　　　六一
　　　　　　四二
　　　　　五二

癸子　壬峯

田隴嘩喇灣口賜福堂後。八運酉山卯向。
坐山靠正遠峯向首有低峯作案距穴稍遠
有澗水自坎屈曲經艮震至巽宮折消坤方。
登穴略見震巽過水離宮有大池塘適一六
連珠所在元空秘旨云星連奎壁啓八代之
文章光世於一白運同治九年庚午正科並
補行壬戌恩科舉人光緒二年丙子恩科進
士是故一六主科名之說非無因也。

水裏得向
星五吉而
發坐山與
艮宮活動
處逢破軍
致兄弟不
睦兼出賊
子

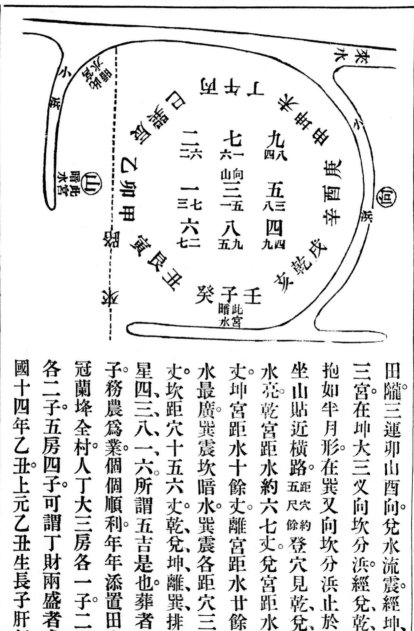

田隴三運卯山酉向兌水流震經坤、離、巽、
三宮在坤大三叉向坎分浜經兌、乾、坎、環
抱如半月形在巽又向坎分浜經兌、止於震宮。
坐山貼近橫路距穴約五尺餘登穴見乾、兌、坤、離、
水亮乾宮距水約六七丈兌宮距水五六
丈坤宮距水十餘丈離宮距穴廿餘丈坤
水最廣巽震坎暗水巽震各距穴三十餘
丈坎距穴十五六丈乾兌坤離巽排着向
星四三八一六所謂五吉是也葬者共五
子務農爲業個個順利年年添置田產富
冠蘭埲全村人丁大三房各一子二四房
各二子五房四子可謂丁財兩盛者矣民
國十四年乙丑上元乙丑生長子肝氣病

亡。庚戌生孫兒瞎左目。在坐山七三金木相尅·受暗水與橫路之激動·三爲震木爲肝爲長子·受尅於兌金·故有肝疾殤長子之應·孫兒之目盲·由於肝傷所致·當三碧旺時·不畏剛金·故安逸無事·交四運三碧失時·故凶事頻見·兌坐山小浜挨着·惟丁財仍蒸蒸日上·近年兄弟間口舌頻頻·小輩中兼有爲竊賊者·路在艮與七破軍使然·

何灣榮姓墓　無錫

山龍二運壬丙兼子午三分壬峯落脉。

左右起澗左澗距穴三四丈右澗相距六七丈左澗在艮宮特闊若弓背形。（此處）

距穴三丈但見此方坎墓遮蔽·元空五行山之澗·餘被他姓坎墓遮蔽·

上龍神三碧到山水裏排龍三碧到艮。

在二運爲生氣三運爲旺氣故二三運間丁財俱盛。

左右二澗在天雨時方有間水·久晴則乾澗·圖中所繪之澗·以登穴所見爲限。

八
四九

四九　　八
三五　　四九

六二　山向　二六
　　　二六　七三

一六　　九八　　五一
　　　九八
　　　五一

子巳　癸酉　壬峯形體（山）　金星

未坤申庚酉辛　乾戌　坎壬子癸　艮寅甲

巳巽辰　乙卯甲

遠低峯峯　山遠峯稍遠　低峯峯　來水

第六章　丁財兩衰之墓

迎春鄉某鄉董父塋　武進馬山

梁溪懺悔學人著
同邑無相行人校

山龍二運甲山庚向戌乾亥來龍乾上起峯轉壬子癸平山至丑艮寅甲起平峯。略高　艮寅至

卯乙辰平山巽巳低伏丙午復起峯拖出山腳止丁上未坤太湖庚上山峯作案。諸峯高度相仿。

如庚峯宛螺形。乾離二峯狀若蟹之兩鉗爲左右護砂。丑艮寅甲落脈吐唇飽滿狀如魚背穴後

有橫石狀若蟹殼統觀全局宛如蟹形立穴處如在蟹臍穴前一片平地較穴地低陷十

餘丈巒頭之美實爲罕見聞該地係浙省某名師手定云葬後必大富貴不意扦後迄今

廿餘年來丁財大衰查其元空五行山上龍神七赤破軍到坐山向上龍神七赤破軍到

未坤太湖七在二三運間爲死氣又與六會合爲交劍煞凶惡萬分坐山與水口爲最緊

極佳之穴
頭因葬非
其時而致
大敗

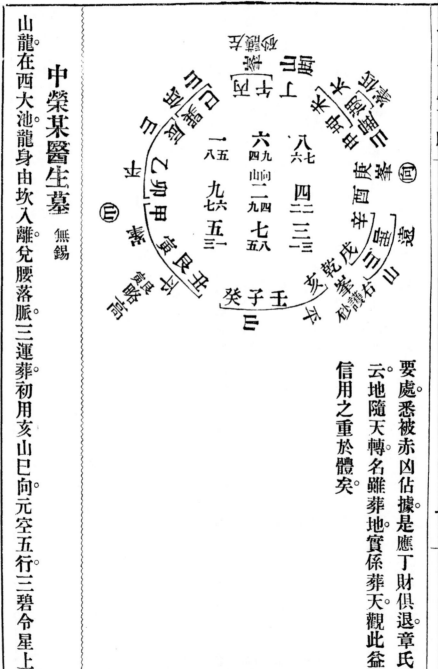

要處。悉被赤凶佔據。是應丁財俱退章氏
云地隨天轉名雖葬地實係葬天觀此益
信用之重於體矣

中榮某醫生墓　無錫

山龍在西大池龍身由坎入離兌腰落脈三運葬初用亥山巳向元空五行三碧令星上

初用亥巳.
因星辰顛
倒.致丁財
兩敗.
後改戌辰.
丁財平穩.

馬山馮姓塋　武進

（圓形羅盤圖：申庚酉辛　戌乾亥　壬子癸　丑艮寅　甲卯乙　辰巽巳　丙午丁）

乾戌山　辰巽向

九　八　　五　六四三　　二　三
一　　　　　　　四　五　　
七六　山　三四二　　
八九七　　　向　三二　　
二　　　一九　　　二九
　　　　六五　　　　六七　五

山下水星辰顛倒葬後退財萬餘喪一子二
孫後在原地改葬戌山辰向財丁方平穩震
宮向星四綠有鄰墓月池池甚深淵終歲不
涸甲子交四運乙丑年葬者第三子發財六
七千金.

改葬後星辰

九七五　　五二四一
九七　山　三二　　八六
二三　　一四
　　　　六八　　一

按是墓前後同在一地亥巳則衰敗戌辰
則與盛此足證地無吉凶全在理氣之背
也合.

因星辰顯
倒而致丁
財兩敗

三運乾山巽向。戌乾亥高峯。向巽大開面。左
右護砂在辰巽相交。左外右內穴前橫路形
勢不佳。察其坭色似乎砂石開掘不淨者扦
後二年內殤女丁二男丁二長房六歲辛上元酉
生十一歲辰上元丙生 兩孫兒之孫葬者 目瞎財運大
敗皆玄空五行星辰顛倒使然也。

丑艮寅　甲卯乙　辰巽巳　丙午丁　未坤申　庚酉辛　壬子癸

戌乾亥高峯平局（四）

回向頭山乙卯甲峯
向頭山巳丙
艮寅甲峯

九　　五　　四
八一　六四　三
七六　　　　三五三
山向　　　　二八九七
　　　二　八九七五
三一　一二　二九　六七　五
癸子壬

馬山許姓墓　武進

三運乾山巽向兼亥巳三分乾上起頂落脈。吐唇數十丈。葬在脈盡處平地上乾峯爲馬
山最高之峯。左右羣巒環抱辰巽太湖幷有遠低峯爲案形體極佳惜元空五行不合山

極佳之地。
亦因星辰
顛倒。而致
丁財不利。

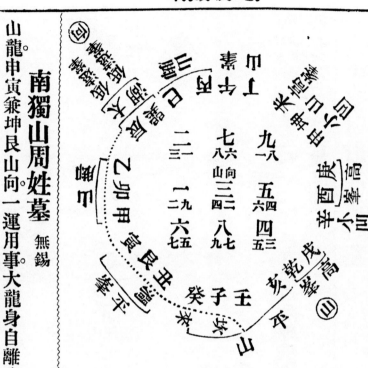

南獨山周姓墓 無錫

山龍申寅兼坤艮山向一運用事大龍身自離入坎坤申高峯落脈。乾亥壬子癸丑太湖。

乾亥被墩遮蔽子上隔湖逼近中獨山山頂廟宇兄弟四房並葬一地二運間大房二女。

上水裏令星顛倒扦後殤一子 葬者 長子二

孫葬者妻目瞎另有目疾者一人次子

經商及賭卜虧耗頗巨甚矣星辰顛倒

之可懼也坎宮有曲折來澗經艮震消

巽坎方七九會合目疾瞎子或在平此

向首逢七
四．致男女
天殤艮坎
動處值九
二七四逐
有婦女淫
奔之應

巳山　巽巳　辰　乾戌　辛酉庚

巽巳口　卯山脚　坤申口

震庚丁墩太　湖水

丁向未申口

未申山脚

乙卯甲墓

艮丑癸墓

寅艮丑　湖

癸子壬　太山頂屋山

九三　八三　八九　四七
五三　山向　一四　四
　　　一七　六二
七一　三六　二五
　　　三六　二五

丁絕財敗之馮姓墓　武進馬山

關心風化者於此最宜注意

疊於水口．主男女貪淫．是墓葬者一運坎艮太湖．適陰神重疊觀此益信元空祕旨之非虛言矣世之

二房兩子三房一子。

一子。相繼夭折。祇留小房一子。其天殤原因．在向首了七四金木相剋．亦為丁剋．向星因令三而山星二黑旺神下着向星．亦為丁剋．因令三

衰．一財運大敗。因在乾坎艮太湖。佈着向星。五九七凶死之氣所致。二三

三運小房婦原向合葬連添三孫兒星會合坐山也。財運仍不振。因乾坎艮湖衰氣也七二三

運間三房婦及小房孫媳淫奔無蹤元空秘旨云陰神

小房　九三　五七　八七

運合原三　婦　七五一　山向三六九　八二四　滿地成羣紅粉場中快活

向合葬圖　二五　一四　六九　九二七四陰神諸星重

秘旨云陰神

二三〇

丁財兩衰之墓

坐山。水裏。各得背時星辰致丁絕財敗。

二運甲山庚向甲上起頂落脈向首低山爲案。
巳丙太湖二運丁財尙少可三運大敗人丁絕
滅。山上排龍三碧在丑凹四綠在丙水凡山龍
用法山上星辰要上山而偏偏落陷下了水坐
山高峯復值破軍死氣是故人丁衰絕向上排
龍三碧在戌峯四綠生氣時指三運言入中向星要
在水裏而偏偏上了山丙水復逢九紫死氣是
應財祿大敗矣。

又一丁絕財敗之馮姓墓　武進馬山

山嘴村嚴某父母坟　洞庭東山

巽巳方

丙午丁高峯　（四）

坐（辰巽巳）

辛酉庚山高峯

亥乾戌山高峯

甲卯乙平向

壬子癸山低

癸子壬山

艮寅丑峯平

```
八三　四七　六三八
六八　五山向二　一三
二四　　四九　　九二
七九　九二　七六
一三
```

辛山乙向二運底用事酉起頂轉辛落脈立
穴處已脫氣形體殊欠佳三運內財旣不利
丁又夭折目下貧困無後人已居絕望地位
其致敗原因一在向星三碧旺氣四綠生氣
居坤坎山脚低山違背山龍用法致財祿全
無窮迫不堪一在山星三碧旺氣下了巽池
四綠生氣入中不得力而坐山與艮峯又七
六交劍煞居之致人丁夭折絕望

山落平地甲卯高山丙午低峯拖出山脚止申上爲左護砂寅峯癸子壬亥山脚爲右護

二運甲庚
大發三運
原向附葬
丁財大敗

敗。是亦用重於
體之一證也。

中　甲山　乙卯甲山　巽巳　丙午丁　庚酉辛　辛酉庚　乾戌　壬子癸　丑艮寅　亥

榴樹　遮　蔽　湖

九七二　五三七　四二六
七九山　向三五　八六一
二四　一八　六四

砂。乾戌辛酉庚太湖。夏秋間榴樹濃蔭遮蔽。
不見湖水三運民國九年庚申用事甲山庚
向兼卯酉三分元空五行山上水裏星辰顛
倒。向首七三金木相剋尤爲凶險民國十年
辛酉七入中九紫火到向重重剋入上元丁
未生男夭殤刻巳民國十二年癸亥五入中
七赤破軍到向嚴某在滬經營棉紗業大失
敗負債纍纍聞三運中墓之前最盛時有家
資四十餘萬金今已休矣星辰顛倒之可畏
如此爲人營葬者可不愼哉

按是坎附葬在祖塋昭穴祖塋二運甲山
庚向兼卯酉三分嚴某三運間發財數十
萬即向祇葬時惟丁則原本衰甚同一地
同一向祇葬時元運之不同一則與一則

雪堰橋李姓絕坆　武進

兌、坤、離、逢
山、星死氣、
且星辰顚、
倒、故丁絕
財敗

山龍蛇山東籠大龍身由乾入巽坤腰落脈。

結成氣墩靠墩立穴申坤未丁午丙高山甲

上池塘乙辰太湖三運庚山甲向山上飛星

三碧到甲池四綠到辰湖生旺二氣下了水。

丙未高山又九二死氣佔據是故子孫已敗

絕向上飛星三碧上了山四綠在丑上遠峯

辰湖排着九紫死氣是故財祿一敗塗地

按是墓緊靠氣墩立穴軆體尚不惡惜元

空五行山上水裏星辰顚倒用不得宜遂

致敗絕觀此更可證

實用之重於軆也。

馬山錢姓祖坟　武進

王舍葉懷屺父穴　洞庭東山

丁財兩衰之墓

二運底用事。乙辛兼卯酉山向。大龍身由坎入
離震上高峯腰間落脈寅艮山峯乾、兌坤峯巒
若屏午丁未坤太湖。未葬前丁財頗盛用事後
葬者長孫三十歲殤亡次孫廿七歲夭折三四
兩孫廿餘年來未育一丁。且游蕩不務正業因
此窨迫不堪按是墓扦後卽交三運向上排龍
三碧令星應在水裏方得旺財而偏偏上了巽
山因此財運衰敗家境蕭條山上排龍三碧旺
神應在山上而偏偏陷落在坤湖違背山龍用
法遂致入丁絕望又離水八五交會亦主損丁。
兩孫之殤亡或在乎此

艮、震、巽、離、平山酉上太湖戌乾亥小山一座戌乾及乾亥之間兩個探頭山壬子癸太湖。

子癸被森林遮蔽龍身自艮入坤坐

山橫石排依石排立穴穴近山巔向

首明堂寬廣一片低地巽乾兼辰戌

三運民國四年葬正向巽乾星辰顯

倒兼向辰戌令星到山到向一凶一

吉惟兼不敵正故退財損丁難免民

國十三年甲子六月葬者次子上元

丙戌生肝氣病歿長子上元乙酉生

七赤金命扞後迄今財運不利查坎

宮正向九七火金相尅不利七赤金

命癸亥年五黃入中一白到坎重重尅入七赤金命竟無恙蓋因兼辰戌坎宮飛到八白

土所謂貪生忘尅尅我者反助我也

馬山史姓墓 武進

大龍身由坎入離。卯乙辰峯拖下山脚立穴。
午丁未太湖。戌乾亥高山艮寅峯甲山庚向。
二運底用事。卯上有舖面水冲下坐山甲上
小凹彎形殊惡山上龍神破軍死氣到坐山。
雖有三碧旺氣到艮峯無如吉不敵凶且四
綠生氣陷落離湖更加彎頭凶惡故扦後迄
今葬者兩子未育一丁向上龍神三碧上了
乾山坤離太湖挨到七九凶死之氣是故財
運衰敗不振。

何家村董氏墓 揚中

丁財兩衰之墓 距離一丈餘

田隴二運酉山卯向穴後小河貼近。
一經午丁未坤申庚酉辛戌乾亥午丁上有小

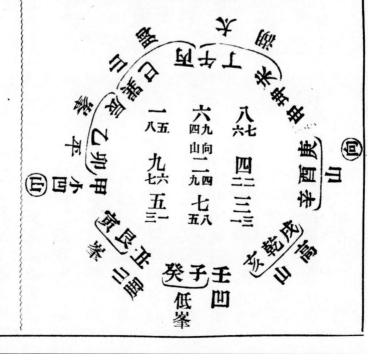

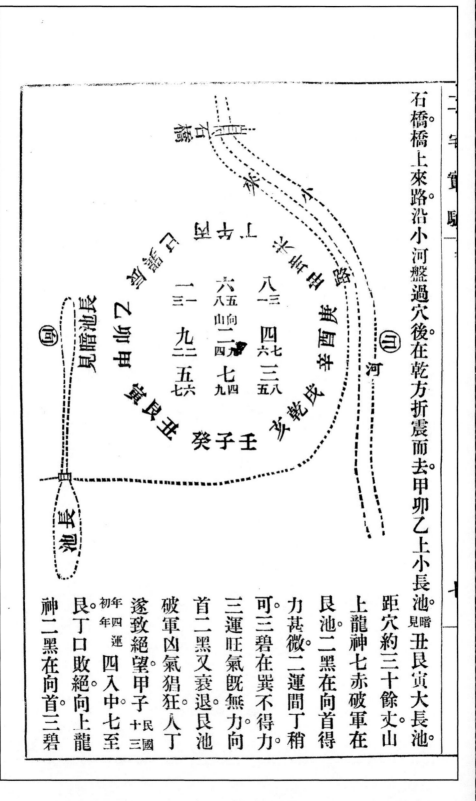

石橋。橋上來路沿小河盤過穴後。在乾方折震而去甲卯乙上小長池。見暗丑艮寅大長池。

（四）河

向
山

（回）

未坤申　辛酉戌　亥乾戌　壬子癸　寅艮丑

丁巳　丙午　丁未　庚酉辛　見暗池長

八一三　四六七三八　六五八二四七九　一三九二五七六

池長

距穴約三十餘丈山
上龍神七赤破軍在
艮池二黑在向首得
力甚微二運間丁稍
可。三碧在巽不得力。
三運旺氣既無力向
首二黑又衰退艮池
破軍凶氣猖狂入丁
遂致絕望甲子民國十三
年四運四入中七至
年初
艮丁口敗絕向上龍
神二黑在向首三碧

在坤水七赤在坐山二運間終算吸得生旺二氣財局稍可。三運向首二黑衰退坐山破軍凶熠坤水三碧獨吉不敵衆凶財運因此不利。

大渲任姓墓　無錫

八二　四三　四六　三三
六一　向
四山二五　七三　九
一六　九七　五二
壬　子（池）　癸

山龍。在南獨山丙午丁未坤申庚平山峯。坤上落脈拖下山脚立穴二運未山丑向兼坤艮三分二黑令星雖到山到向。惜爲時無幾。即交三運。山星三碧下了坎池向星三碧上了兌山因此三運內丁財大敗人丁幾絕。

巒頭雖美. 因葬非其 時而敗絕.

牛背山朱皆桐父母塋　洞庭東山

寅來龍艮寅甲卯乙平圓峯。依山脚

立穴左右內外護砂二層穴前低陷。

乾宮近穴有澗溝終歲乾涸雨後方甲

有山水經過橫過穴前曲消坤方甲

上太湖湖外遠山爲案巒頭甚美惜

葬非其時致遭全家消滅三運甲山

庚向兼卯酉三分上山下水星辰顚

倒坐空朝滿用之猶可今用於坐實

之山地自然凶禍不免坐山雖得三

八爲朋無如水口七三相剋吉不敵

凶又雖兼卯酉三分其力甚微不能

爲用也葬時一子一孫人丁原本不

與。扦後不數年。卽相繼死亡。

楊灣山葉姓墓 洞庭東山

因星辰顛
倒及巽宮
七四相尅。
致二子相
繼大折人
烟絕滅。

八二五
四七一三六九

六三向
九山二五
七一四

一七
九三六
五八二

戊乾亥　申酉辛　未坤申　丁午丙　巽巳
乙卯甲　寅艮丑　癸　子　壬

癸丑艮峯丑上拖下山脚立穴左右拖
出山脚爲護砂辰巽巳丙午丁未蘆田
一望無際田外一綫湖水環抱若帶午
丁未坤申貼近村屋坤申庚酉辛低山
戌乾亥山艮山坤向二運末年用事山
上水裏龍神顛倒加之巽湖七四金木
相扦尅後數年內葬者二子相繼天折。
齡均在十餘
天殤
人烟已絕。

巽水逢七．
致財運大
敗．

劉河吳姓墓 太倉

來水

四

乙壬甲

甲艮壬

癸

壬山

乾亥戌

辛酉庚

申庚未坤

八九
四
三五

四四
四九
三

六二
山向二六
七
七一

一六
九八
五二

田隴震水經卯乙辰。在巽巳上向離
轉灣而止成反弓曲尺形丙上略帶
着一點浜稍是水距穴甚近壬山丙
向二運用事巽宮最活動處挨着向
星兌七破軍扦後葬者之子連年敗
退將萬餘金遺產消敗殆盡繼以身
亡。民國五年丙辰三入中二至巽方

二四二

坎池四七
會合致殤
小口二十
餘人之多

雞坑邵氏墓　無錫

七五　三　二二
六　三　二九

五三　向　一　二八
八　山　一三六七

九七　八　四
四　五六　九二

坎池七四　艮北　子　壬山
癸大
峯遠塘池

山峯山

一運酉山卯向。辛酉庚高峯拖下山脚
在將盡處立穴。乾亥高峯
癸丑艮大池塘。距穴八丈
在坐山二黑在乾峯向上排龍二黑在
艮池二黑運內丁財兩盛交三運二黑
轉衰丁財俱退。迎殤小口二十餘人蓋
在坎池七四金木相剋也「最近實事」
民國十五年丙寅二入中七赤破軍到
坎八月四入中九至坎殤三歲女孩一
個。小甲子年生是年幷有重病者多人。

龍身原由子
癸來此峯
山上排龍一白
七

殤男丁二
位在三碧
令星山上
水裏星辰
顛倒

南市橋蔣姓墓　無錫

巳丙　午丁未　坤申
　　　　　　　庚酉辛
九八　五六　四
　四　　　四五
　　　　　　三
七六　　　　乾戌
八　山三　向　　高峯
　　　　　亥
二一　一九　六五
　　　　　　　壬山
癸峯　子山
丑艮寅　甲底田
巳山　乙卯

在莫巷後產山麓。三運乾山巽向坐山靠正高
峯震巽兩宮大池塘元空五行上山下水令星
顛倒葬後五年內殤要人二位。男丁財運無進步。
亦未衰退。因向首一白吉星。故得維持現狀。

孔山張姓墓　無錫

向首三碧
令星重疊
逢屋尖疊
氣致丁財
不振
兌坤逼近
池塘遇五
黃而一門
多病

斷蓋在乎此。

九一　五一
七三　山向　三七　八二
二七　一六　六二

壬子高峯山
癸　壬峯

九里庵後田隴。三運子山午向兼
癸丁三度乾方來澗至兌成小池
至坤大池再由小溝向南消出震
宮卯上兩池重叠向首午上適對
九里庵屋尖元空五行三碧令星
交會向上尖者五行屬火震三木
氣導洩加之乾澗震池九紫火生
出。且死氣因此丁財不振兄弟三人
之子均開蕩不務正業家境窘迫
負債鱉鱉坤兌二池佈着五黃零
神紫白訣云。五黃二黑在失運時
遇之主多病危葬後全家病人不

二年算眠

姚灣韓炳安父母塋 　無錫

戌乾亥

庚酉辛　辛山

未坤申

丙午丁山

辰巽巳山

甲卯乙

丑艮寅

壬子癸

女乾戌

女

子

壬

癸山

巳向

亥山

```
          四
        三五
     九
   八  八七
  二
  一 山 七八六 向
        二三
  六七
   五  五四
     六一 二三
```

壬亥來龍巽巳太湖。湖外遠山為案左右
羣巒環抱形體甚佳七運亥山巳向兼壬
丙三分元空五行上山下水星辰顛倒葬
後丁財兩敗竟致絕嗣。

按是墓與丁財兩盛類內之姚灣韓姓
祖坟相近一則丁財兩盛一則丁財俱
不敗。觀此可知與敗得失。
在巒頭全在理氣也。

横山侯姓墓 　無錫

横山東麓二運辛山乙向山上龍神二黑旺星落陷三碧生氣下水坐山雖到六白吉星。

橫山侯福生父母塋　無錫

橫山東麓九運辛山乙向兼酉卯三分山星九紫令星挨至向首低處。一白生氣排在巽

無如爲時尚遠。是故人丁敗絕向上

龍神雖逢當元旺星到向。惜無水神

助吉三碧生氣又在坤山因此貧苦

異常。

八三　四七　三八
一　　六三　五
六八五　二九　七九
山向　二四　四
一三　九二　二五
　　　五七　七六

心一堂術數古籍珍本叢刊 堪輿類 無常派玄空珍秘

二宅實驗

宮暗池。所謂山上星辰下了水福生兄
弟皆無後人。向星九紫旺星雖在向首。
惟靜而不動一白生氣又在坤山是故
財運不佳兄弟二人貧而且絕。

二四八

附錄 後天 洛書大數

（對待合十縱橫十五）

（九星七色白黑碧綠黃赤紫）

洛龜出現。
天機聿顯。
陽卦多陰。
只取倒顛。
陰卦多陽。
遇順反欠。
個個當權。
萬化千變
戴九履一。
左三右七。
二四為肩。
六八為足。

九星歌

一白水．壬子癸．坎．正北方。○●

二黑土．未坤申．坤．西南隅．○●

三碧木．甲卯乙．震．正東方。○●

四綠木．辰巽巳．巽．東南隅。○●

五黃土．戊巳．中央斗柄．○●

六白金．戌乾亥．乾．西北隅。○●

七赤金．庚酉辛．兌．正西方。●●

八白土．丑艮寅．艮．東北隅．○●

九紫火．丙午丁．離．正南方。●○

（註）凡○為陽之符號。●為陰之符號陽順行陰逆走。

九星別名

一白貪狼。　二黑巨門。　三碧綠存。　四綠文曲。　五黃廉貞。　六白武曲。　七赤破軍。

八白左輔。　九紫右弼。

本 來 面 目

地 盤

巽

午 丙 丁

乙 辰 巽

卯 震 乙

甲 卯

艮 寅

丑 艮 甲

癸 子 壬 坎

亥 乾 戌

壬 亥 乾

乾 戌

申 庚 酉

坤 未 申

丁 未 坤

午 丙

坤

離

兌

南

北

東

西

東南

西南

東北

西北

本來面目

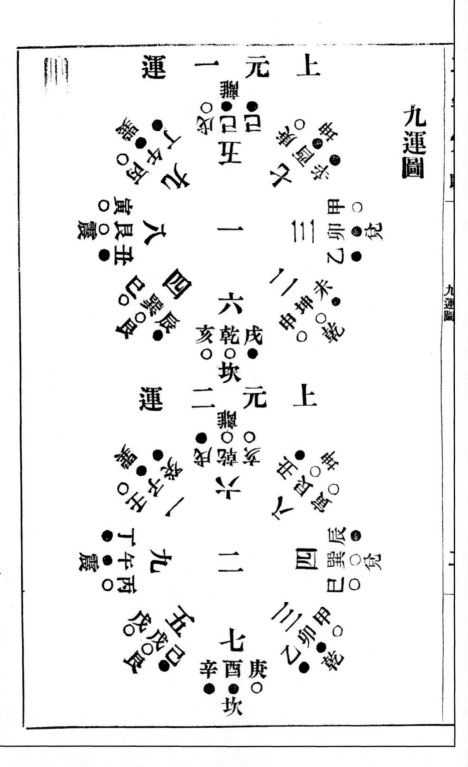

上 元 三 運

中 元 四 運

附錄　九運圖

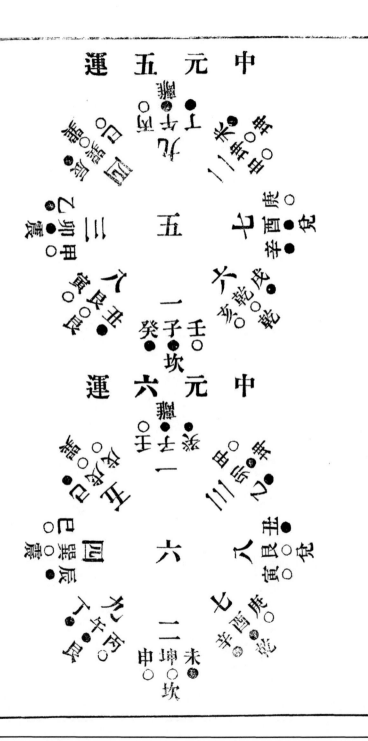

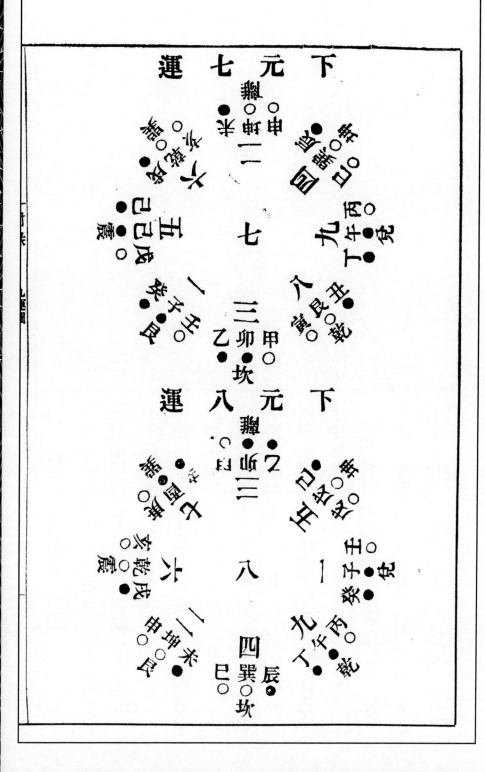

三元九運分配法

上元甲子六十年。甲子甲戌二十年為一運。甲申甲午二十年為二運。甲辰甲寅二十年為三運。

中元甲子六十年。甲子甲戌二十年為四運。甲申甲午二十年為五運。甲辰甲寅二十年為六運。

下元甲子六十年。甲子甲戌二十年為七運。甲申甲午二十年為八運。甲辰甲寅二十年為九運。

（註）清同治三年甲子。至光緒九年癸未二十年為上元一運。光緒十年甲申。至光緒二十九年癸卯二十年為上元

二運。光緒三十年甲辰至民國十二年癸亥二十年為上元三運。民國十三年甲子至
三十二年癸未二十年為中元四運。民國三十三年甲申至五十二年癸卯二十年為
中元五運。民國五十三年甲辰至七十二年癸亥二十年為中元六運。民國七十三年
甲子至九十二年癸未二十年為下元七運。民國九十三年甲申至一百十二年癸卯。
二十年為下元八運。民國一百十三年甲辰至一百三十二年癸亥二十年為下元九
運。民國一百三十三年起復為上元甲子。周而復始由上推則逆數向下推則順數。餘
仿此

五行生尅歌

金生水。　水生木。　木生火。　火生土。　土生金。

金尅木。　木尅土。　土尅水。　水尅火。　火尅金。

年白歌

上元甲子一白求。

<small>上元甲子年一白入中丙寅八入中乙</small>

中元四綠木為頭。

<small>中元甲子年四入中丙寅二入中乙下</small>

<small>並九入中丙寅八入中乙</small>

<small>並三入中丙寅二入中乙下</small>

元七赤中央去逐年逆數順宮游。

月白歌

四仲之年　子午卯酉年　正月八。正月八入中二月七入中三月六入中後順飛逐月逆退　四孟　寅申巳亥年　二黑入中宮。二正月入中二月……

中二月九入中　三月九入中　四季年　辰戌丑未年　來中五土　入正月中三月三入中二月四　逆推順布例相同。

日白歌

日家白法不難求二十四氣六宮周。冬至雨水及穀雨陽順一七四中游。夏至處暑霜降後九三六數逆行求。

舉例

冬至	一	二	夏至	九	八
雨水	後甲子七乙丑八	●處暑	後甲子三乙丑二		
穀雨	四	五	霜降	六	五

時白歌

時家白法更精微須知二至與三時。冬至三元一七四子酉宮中順布之。夏至九三六星逆九星捱巽震排之。即逆退也　順逆兩邊如日例戌丑亥寅一般施。

陽宅實驗　念一附錄　年月飛星舉隅

舉例

日	冬至後	夏至後
子午卯酉日	子一丑二	子九丑八
辰戌丑未日	子七丑八 ●	子三丑二
寅申巳亥日	子四丑五	子六丑五

年月飛星舉隅

如中元甲子年四綠值年，即以四入中宮順布八方。

例如防火，查二九七是，年九到坎，七到艮，二到震。倘此等方位上見斜水、塔尖、箭路則凶。在坎者防仲夏及孟秋。凶狀在艮者防孟春季春孟冬季冬及仲夏。凶狀在震者防孟冬季秋。其餘一切吉凶事情，可以例推矣。每年可仿此製表。

中元甲子年　年月飛星圖

一	八	三
六	四	九
二	七	五

一
五 四 三
八 一 九
七 六 三
冬 秋 夏 春

八
九 三 六
八 二 五
七 一 四
冬 秋 夏 春

三
七 一 四
六 九 三
八 二 五
冬 秋 夏 春

六
一 四 七
九 三 六
八 二 五
冬 秋 夏 春

四
⊙正 七 四
⊙十 八 五
七 一 ⊙
六 九 三 六
冬 秋 夏 春

九
四 七 一 四
三 六 九 三
二 五 八 二
冬 秋 夏 春

二
六 九 三 六
五 八 二 五
四 七 一 四
冬 秋 夏 春

七
二 五 八 二
一 四 七 一
九 三 六 九
冬 秋 夏 春

五
九 三 九
八 二 五
七 一 四
冬 秋 夏 春

心一堂術數古籍珍本叢刊　堪輿類　無常派玄空珍秘　　一六○

男女命表

男女命宮表

年份	男命上元	女命上元	男命中元	女命中元	男命下元	女命下元
癸未	九	六	三	三	六	九
壬午	一	五	四	二	七	八
辛巳	二	四	五	一	八	七
庚辰	三	三	六	九	九	六
己卯	四	二	七	八	一	五
戊寅	五	一	八	七	二	四
丁丑	六	九	九	六	三	三
丙子	七	八	一	五	四	二
乙亥	八	七	二	四	五	一
甲戌	九	六	三	三	六	九
癸酉	一	五	四	二	七	八
壬申	二	四	五	一	八	七
辛未	三	三	六	九	九	六
庚午	四	二	七	八	一	五
己巳	五	一	八	七	二	四
戊辰	六	九	九	六	三	三
丁卯	七	八	一	五	四	二
丙寅	八	七	二	四	五	一
乙丑	九	六	三	三	六	九
甲子	一	五	四	二	七	八

年份			男命	女命
癸卯	壬寅	辛丑	庚子	
己亥	戊戌	丁酉	丙申	乙未 甲午
癸巳	壬辰	辛卯	庚寅	己丑 戊子
丁亥	丙戌	乙酉	甲申	

	上元		中元		下元	
	男命	女命	男命	女命	男命	女命
	七	八	一	五	四	二
	八	七	二	四	五	一
	九	六	三	三	六	九
	一	五	四	二	七	八
	二	四	五	一	八	七
	三	三	六	九	九	六
	四	二	七	八	一	五
	五	一	八	七	二	四
	六	九	九	六	三	三

年份									
癸戊 酉申	壬辛 酉申	庚己 未午	丁丙 巳辰	乙甲 卯寅	癸壬 丑子	辛庚 亥戌	己戊 酉申	丁丙 未午	乙甲 巳辰
六	五	一	八	七	九	三	二	四	二
七	六	二	九	八	一	四	三	五	三
八	七	三	一	九	二	五	四	六	四
九	八	四	二	一	三	六	五	七	五
一	九	五	三	二	四	七	六	八	六
二	一	六	四	三	五	八	七	九	七
三	二	七	五	四	六	九	八	一	八
四	三	八	六	五	七	一	九	二	九
五	四	九	七	六	八	二	一	三	一
	男命 元	女命 元	男命 元	女命 元	男命 元	女命 元	男命 元	女命 元	
	上元		中元		男中命		男下命	女命	

二六二

（註）凡上元甲子年生者男命屬一白水女命屬五黃土乙丑年生者男命九紫火女

命六白金若中元甲子年生者男命屬四綠木女命屬二黑土乙丑年生者男女均屬

三碧木命餘可按表類推。

太歲

子年在子方丑年在丑方寅年在寅方卯年在卯方餘仿此類推。

（註）太歲為一年之主宰掌一年之吉凶吉則助吉凶則助凶宜坐不宜向避之為吉

犯之則其禍大而且久如子年立子山午向即為坐太歲如立午山子向即為向太歲

修子方即為動太歲能不坐不向不動為最好不得已而坐之動之須看年月有無吉

神方可開山立向但終以避之為妥。

七煞

子年在午方丑年在未方寅年在申方卯年在酉方餘仿此類推。

（註）七煞一名歲破切不可犯無論陰陽二宅在七煞方動土與工凶禍立見惟年月

有太陽及貴人祿馬等吉神飛到此方亦可動作但終以避之為妥

年三煞

申子辰年煞在南方巳午未寅午戌年煞在北方亥子丑亥卯未年煞在西方申酉戌巳酉丑年煞在東方寅卯辰。

（註）年三煞為年內最凶之神宜向不宜坐犯之則凶禍立見如申年子年辰年立巳午未三山即為坐煞立丙丁二山即為夾煞立亥壬子癸丑五山即為向煞修巳丙午丁未五方即為犯煞雖有吉神臨方不能化解不得已而向之則無妨然須有吉神到向方可。

月三煞

寅午戌月。（即正五九月。）煞在北方亥子丑亥卯未月。（即二六十月。）煞在西方申酉戌申子辰月。（即三七十一月。）煞在東方寅卯辰。

（註）月煞之推算法與年煞相同惟年煞為一年不動之凶星月煞則按月遷移宜向不宜坐犯之凶禍立見遲則月內速則旬日其煞之方位與使用法悉與年煞相同可參看上註。

五黃

五黃分年五黃與月五黃皆宜向不宜坐凡五黃所到之方不宜動土修造犯之凶禍立

見如無錫張巷某宅坐坎向離於上元己未六月_{民國八年}建築適值年月五黃同在坎方所

謂坐五黃也五年內連殤五人

（註）年月逢一白入中五黃在離方二黑入中在艮方三碧入中在兌方四綠入中在

乾方五黃入中在中宮六白入中在巽方七赤入中在震方八白入中在坤方九紫入

中在坎方欲知某年何星入中可在男女命宮表中查男命所得之星便是欲知某月

何星入中如子午卯酉年正月八白入中二月七赤入中三月六白入中餘月仿此逐

月逆數便是寅申巳亥年正月二黑入中二月一白入中三月九紫入中如上之逐月

逆數辰戌丑未年正月五黃入中二月四綠入中三月三碧入中亦如上之逐月逆數

即是入中之星

堪輿之學。巒頭與理氣爲兩大端。巒頭爲其體。理氣爲其用。二者不可偏廢也。然言巒頭者尚有形局之可考。談理氣者竟無迹象之可尋。自杜陵蔣氏著地理辨正一書措詞隱約立說深微。仍守天機不可洩漏之祕。是以僅存玄空之名而未傳玄空之用。雖經姜子汝臯章子仲山溫子明遠宗長養吾等疊爲詮註而理深意奧仍不能使好學深思之士見之卽豁然而貫通居今日而欲得靑囊眞相不不憂乎其難哉。榮子柏雲余之莫逆交也。素抱民吾同胞物吾同與之志公餘輒研究地理辛酉冬得章氏一脈之眞傳。於大玄空理氣遂能透澈無遺。於是登山涉水見古墓舊宅靡不悉心研究凡實驗之陰陽二宅。於吉凶禍福絲毫不爽者。每繪圖立說。一一錄存今積久成帙遂付梓以公同好用使大玄空之學昌明於後世俾孝子慈孫

之葬親。皆有所依據。其存心之公期世之切昭然若揭。倘僅以方技

目之則淺之乎視榮子矣。

民國十六年仲夏談學周識於滬江旅次

二宅實驗二次正誤表

卷二、二十二頁十三行、第五、第六字癸丁應改壬丙、

卷二十二頁頁背圖中⊙向二字原在癸丁上應改移在壬丙上、

卷四十頁第二第三行內、「上山下水星辰顛倒。」應改「坎宮低處七四會合。坎宮有暗遠水」

卷四十頁挨星圖、

```
　　　原　式　　　　　　　　　應　改
　七八　三四　二三　　　　七八　三四　二三
　　六　　　　　　一　　　　六　　　　　　一
五六　向　　　七　　　　五六　向　　　七
　四　　二　　六　　　　三　　二　　四
　八一　九二　六七　　　　八一　九二　六七
　　　　山　　　　　　　　　　山
　九　　八九　四三五　　　九　　八九　四六五
```

附錄一頁頁背四行、四字戌應改戊、

附錄八頁頁背十行『月三月』之下『煞在東方寅卯辰』之上應加入『煞在南方巳午未。

巳酉丑月。即四月八月十二月』二句。

啓事

學人爲補助社會起見發行二宅實驗一

書又恐閱者不易應用故於每部書中附

贈方便券一紙凡購書諸君有爲民衆謀

生計而創辦農工商實業或已辦而營業

不振欲求佈置適當及補救合法者請將

方便券裁下致函上海小沙渡浜北福新

第三麵粉廠莊瑞賡君轉達又疾病纏綿

醫藥罔效及建築住宅安葬先人遺骸者

亦可來函斟酌酬勞分文不取惟憑方便

券爲限無券槪不答復

懺悔學人謹識

三元大玄空地理二宅實驗全書二冊

民國十六年丁卯仲夏付刊

定價實洋五圓

著作者　　梁溪懺悔學人

校閱者　　梁溪無相行人

代印者　　無錫城內書院弄錫成印刷公司

藏版者　　懺悔學人

總經售處上海商務印書館
　　　　　中華書局

分售處各埠商務印書館
　　　　　中華書局

```
有著作權
不准翻印
```

編號	書名	作者	說明
32	命學探驪集	【民國】張巢雲	
33	澹園命談	【民國】高澹園	
34	算命一讀通——鴻福齊天	【民國】不空居士、覺先居士合纂	稀見民初子平命理著作
35	子平玄理	【民國】施惕君	發前人所未發
36	星命風水秘傳百日通	心一堂編	
37	命理大四字金前定	題【晉】鬼谷子王詡	源自元代算術
38	命理斷語義理源深	心一堂編	稀見清代批命斷語及活套
39－40	文武星案	【明】陸位	失傳四百年《張果星宗》姊妹篇 千多星盤命例，研究命學必備
相術類			
41	新相人學講義	【民國】楊叔和	失傳民初白話文相術書
42	手相學淺說	【民國】黃龍	經典 民初中西結合手相學
43	大清相法	心一堂編	
44	相法易知	心一堂編	重現失傳經典相書
45	相法秘傳百日通	心一堂編	
堪輿類			
46	靈城精義箋	【清】沈竹礽	
47	地理辨正抉要	【清】沈竹礽	
48	《玄空古義四種通釋》《地理疑義答問》合刊	沈瓞民	沈氏玄空遺珍
49	《沈氏玄空吹虀室雜存》《玄空捷訣》合刊	【民國】申聽禪	玄空風水必讀
50	漢鏡齋堪輿小識	【民國】查國珍、沈瓞民	
51	堪輿一覽	【清】孫竹田	失傳已久的無常派玄空經典
52	章仲山挨星秘訣（修定版）	【清】章仲山	經典
53	臨穴指南	【清】章仲山	章仲山無常派玄空珍秘 門內秘本首次公開
54	章仲山宅案附無常派玄空秘要	心一堂編	沈竹礽等大師尋覓一生 末得之珍本！
55	地理辨正補	【清】朱小鶴	玄空六派蘇州派代表作
56	陽宅覺元氏新書	【清】元祝垚	簡易·有效·神驗之玄空宅法
57	地學鐵骨秘 附 吳師青藏命理大易數	【民國】吳師青	釋玄空廣東派地學之秘
58－61	四秘全書十二種（清刻原本）	【清】尹一勺	玄空湘楚派經典本來面目 有別於錯誤極多的坊本